# 閻錫山故居所藏第二戰區史料

# 第二戰區
# 抗戰大事記
# （1941-1943）

**Historical Documents of the Second Theater
in the Yan Hsi-shan' s Residence**

The Daily Records of the Second Theater

in the Second Sino-Japanese War,

1941-1943

# 編序

呂芳上
民國歷史文化學社社長

一

　　閻錫山，字伯川，光緒 9 年（1883）生於山西五臺縣河邊村。先入山西太原武備學堂，後東渡日本，進入東京振武學校就讀，步兵第三十一聯隊實習，再至日本陸軍士官學校攻研。在東京時，因結識孫中山，而加入中國同盟會，從事革命工作。畢業後，返回山西，擔任山西陸軍小學教官、監督，新軍第二標教官、標統。辛亥革命爆發後，10 月 29 日，領導新軍發動起義，呼應革命，宣布山西獨立。

　　閻錫山自民國元年（1912）擔任山西都督起，歷任山西督軍、山西省長。國民政府北伐以後，更於民國16 年（1927）6 月舉旗響應，擔任過國民革命軍北方總司令、國民政府委員、第三集團軍總司令、中國國民黨中央政治會議太原分會主席、軍事委員會委員、平津衛戍司令、內政部部長、蒙藏委員會委員長、中國國民黨中央執行委員、陸海空軍副總司令、軍事委員會副委員長、太原綏靖主任等職。

　　抗戰爆發，軍事委員會為適應戰局，劃分全國各接戰地帶，實行戰區制度，閻錫山於民國 26 年（1937）8 月 11 日就任第二戰區司令長官，統率山西軍民對抗

II 閻錫山故居所藏第二戰區史料 **第二戰區抗戰大事記**（1941-1943）
Historical Documents of the Second Theater in the Yan Hsi-shan's Residence
The Daily Records of the Second Theater in the Second Sino-Japanese War, 1941-1943

日軍侵略，雖軍力落差，山西泰半淪陷，但閻錫山幾乎都坐鎮在司令長官部，民國 38 年（1949）接掌中央職務之前，沒有離開負責的防地。

抗戰勝利後，閻錫山回到太原接受日本第一軍司令官澄田睞四郎的投降，擔任山西省政府主席、太原綏靖公署主任。民國 38 年（1949）6 月，在風雨飄搖中接任行政院院長，並兼任國防部部長，從廣州、重慶、成都到臺北，締造個人政治生涯高峰。39 年（1950）3 月，蔣中正總統復行視事，政局穩定後，率內閣總辭，交棒給陳誠。

從辛亥革命起，閻錫山在山西主持政務，既為地方實力派人物，矢志建設家鄉，故嘗大力倡導軍國民主義，推行六政三事，創立村政，推動土地改革、兵農合一等制度，力圖將山西建立為中華民國的模範省。此期間，民國政治雲翻雨覆，未步軌道，許多擁有地方實權者，擅於玩弄權力遊戲，閻氏亦不能例外。

民國 39 年（1950）3 月，閻錫山卸下閣揆後，僅擔任總統府資政，隱居於陽明山「種能洞」。在人生中的最後十年，悉心研究，著書立說。民國 49 年（1960）5 月病逝，葬於陽明山故居之旁。

二

閻錫山一向重視個人資料之庋藏，不只廣為蒐集，且善加整理保存。其個人檔案於民國 60 年（1971）移交國史館以專檔保存，內容包括「要電錄存」、「各方往來電文」、日記及雜件等，均屬民國歷史重要研究材

料。民國 92 年（2003）國史館曾就閻檔 27 箱，選擇
「要電錄存」，編成《閻錫山檔案》十冊出版，很引起
學界重視。這批史料內容起於民國元年（1912）迄於民
國 15 年（1926），對 1910 年代、1920 年代北京政局
變換歷史的了解，很有幫助。

　　民國歷史文化學社致力於民國史史料的編纂與出
版，近年得悉閻錫山在臺北故居存有閻錫山先生所藏親
筆著作、抗戰史料、山西建設史料等豐富典藏，對重構
民國時期山西省政輪廓，尤見助益，本社遂極力爭取，
進而出版以嘉惠士林。民國 111 年（2022），本社承臺
北市政府文化局與閻伯川紀念會之授權，首先獲得機會
出版「閻錫山故居所藏第二戰區史料」叢書，內容包含
抗戰時期第二戰區重要戰役經過、第二戰區的經營、第
二戰區重要人物錄、第二戰區為國犧牲軍民紀實，以及
第二戰區八年的大事記等，均屬研究第二戰區與華北戰
場的基本重要資料。

三

　　最近幾年海峽兩岸競相出版抗戰史料，對抗戰史之
研究，雖有相當幫助，但許多空闕猶待彌補，即以戰區
設立為例，是政府為考量政治、補給、戰略與戰術需要
而設立的制度，初與軍委會委員長行營並行，其規模與
人事，常隨著時局、情勢有所變動。民國 26 年（1937）
8 月設有第一至第九戰區、一個綏靖公署，次年 8 月後
調整為第一至第十戰區，另設兩個游擊戰區、一個行
營。其所轄地域、人事異動、所屬軍系，中央與戰區的

IV | 閻錫山故居所藏第二戰區史料 **第二戰區抗戰大事記**（1941-1943）
Historical Documents of the Second Theater in the Yan Hsi-shan's Residence
The Daily Records of the Second Theater in the Second Sino-Japanese War, 1941-1943

複雜關係，戰區與戰區間的平行互動，甚至戰區與中共、日敵、偽軍之間的詭譎往來，尤其是戰區在抗戰時期的整體表現，均可由史料的不斷出土，獲致進一步釐清。

「閻錫山故居所藏第二戰區史料」的出版，不只可以帶動史學界對第二戰區的認識，而且對其他戰區研究的推進，甚而整體抗日戰史研究的深化，均有一定意義。這正是本社出版這套史料叢書的初衷。

# 編輯說明

　　《第二戰區抗戰大事記》收錄閻錫山故居庋藏「第二戰區抗戰大事記」與「第二戰區抗戰大事表」，由第二戰區司令長官司令部現代化編譯組負責編纂。資料內容起自民國 26 年 7 月 7 日蘆溝橋事變當天，終至民國 34 年 7 月 2 日。每份原稿，均是由前一年度的 7 月 7 日，至後一年度的 7 月 6 日，幾乎完整記錄了抗戰八年第二戰區的歷程。

　　本社特將八年份的大事記，以兩年為一本，分成 1937-1939、1939-1941、1941-1943、1943-1945，共四本出版，並保留原件的日期模式。

　　原件大事記為表格形式，分「二戰區」、「國內」、「國際」三個欄位，記錄當天第二戰區的重要情勢，以及編譯組認為重要的國內與國際消息。本書出版時，則將表格欄位簡化，改以條列表示。

　　為保留原稿抗戰時期第二戰區的視角，書中的「奸」、「逆」、「偽」等用語，予以維持，不加引號。

　　書中或有烏焉成馬，也一概如實照錄，不加修改。例如浙江、廣東等地的地名，或外國的人名、地名，偶見有謄錄錯誤之處，或可窺見身處山西克難坡窯洞中的編譯組成員們，對外界的理解。

　　此外，為便利閱讀，部分罕用字、簡字、通同字，

VI 　閻錫山故居所藏第二戰區史料 **第二戰區抗戰大事記**（1941-1943）
Historical Documents of the Second Theater in the Yan Hsi-shan's Residence
The Daily Records of the Second Theater in the Second Sino-Japanese War, 1941-1943

在不影響文意下，改以現行字標示。原稿無法辨識，或
因年代久遠遭受蟲蛀、汙損的部分，以■表示。原稿留
空處，則以□表示。長官閱覽時的批註，以〔 〕表示。
編輯部的註解，則以【 】表示，如當日未記錄任何內
容，註明【無記載】。

　　以上如有未竟之處，尚祈方家指正。

# 目錄

ii 　閻錫山故居所藏第二戰區史料 **第二戰區抗戰大事記**（1941-1943）
Historical Documents of the Second Theater in the Yan Hsi-shan's Residence
The Daily Records of the Second Theater in the Second Sino-Japanese War, 1941-1943

# 原序

第二戰區司令長官司令部現代化編譯組

　　古之作史者，紀、傳、志、表並重。蓋紀所以辨系統，記本末；傳所以著人物，彰言行；志所以誌典章，明因革；至於表者，則以時為經，舉要提綱，綜合而誌其概略者也。文簡而明，事賅而詳，綱舉目張，稽考便利，乃其所長。如世表、年表、月表皆其彰彰著者。歐美史籍，亦重斯義，或製專冊，或附編末，學者每認為治亂理棼，比較參照之要具。抗戰以來，二戰區內之一切演變，皆極繁劇，雖曰各有專編載記，而卷秩較繁，驟難尋繹，故大事表之作，誠不容緩。本表起自雙七事變，以第二戰區為主體，舉凡有關抗戰之設施事蹟，無論軍政、民運，咸逐日擇要記入。另附國內、國際兩聯，擇其尤要者而記之，以便參照。庶幾展卷瞭然，可觀其會通焉。

# 民國 30 年（1941）

## 7月7日

### 二戰區

七一師在離石吳城鎮西南與敵發生遭遇戰。

### 國內

皖敵第十五師團一部侵入含山。

### 國際

羅斯福向國會報告佔領冰島。

英軍攻佔班加西。

## 7月8日

### 二戰區

第九軍五四師向濟源西南扁擔嶺進襲。

### 國內

敵機侵渝，英使館被炸。

由大鵬灣登陸，進陷黃岡敵，續向北犯。

### 國際

蘇軍事團抵英。

## 7月9日

### 二戰區

五寨游擊隊襲擊該縣城。

### 國內

贛北武寧敵向新溪源進犯，被我軍擊退。

4　　闔錫山故居所藏第二戰區史料 **第二戰區抗戰大事記**（1941-1943）

Historical Documents of the Second Theater in the Yan Hsi-shan's Residence
The Daily Records of the Second Theater in the Second Sino-Japanese War, 1941-1943

**國際**

德、義劃定南國被瓜分新界。

## 7月10日

**二戰區**

榆次敵向青草坪進犯。

**國內**

安義敵向靖安進犯。

**國際**

英向法所提之停戰協定由美總領事轉達法軍。

## 7月11日

**二戰區**

長子敵由石哲鎮西犯，經一六九師擊退。

**國內**

我軍收復靖安。

我軍攻入黃岡，敵向海岸退去。

**國際**

蘇聯公佈，任伏羅希洛夫為北路軍總司令，提摩盛科為中路軍總司令，布登尼為南路軍總司令。

## 7月12日

**二戰區**

泉掌敵出擾官莊、李家莊均經擊退。

**國內**

我軍克復潮陽城。

國際

　　英、蘇兩國成立互助協定。

　　門的內哥羅宣佈獨立。

## 7 月 13 日

二戰區

　　定襄我軍伏擊史家崗敵人。

國際

　　英、法在貝魯特討論停戰。

## 7 月 14 日

二戰區

　　暫四十八師在趙城北石明、好義等地與敵發生遭遇戰。

國內

　　綏西敵向海子灣進犯，經我三五師擊退。

國際

　　羅斯福提議竭其所能，調整太平洋關係。

## 7 月 15 日

二戰區

　　行政院決議嚴廷颺任晉省委、甯超武任省祕書長。

國內

　　內政部成立地價申報處。

　　義大利代辦撤退離渝。

6　閻錫山故居所藏第二戰區史料 **第二戰區抗戰大事記**（1941-1943）
Historical Documents of the Second Theater in the Yan Hsi-shan's Residence
The Daily Records of the Second Theater in the Second Sino-Japanese War, 1941-1943

國際

英軍開入貝魯特。

蘇、波成立協定，蘇釋放波俘虜三十萬，由波在蘇
組織自治軍。

# 7月16日

二戰區

孝義敵在趙家莊徵糧，被我游擊五縱隊中途伏擊。

國內

國府任徐謨為駐澳公使。

國際

敵近衛內閣全體辭職。

德軍佔領斯摩棱斯克。

# 7月17日

二戰區

山西省農會在克難坡成立。

翼城東隆化鎮敵，分兩路北犯曹村，被我七十師
擊退。

國內

皖南我軍進襲繁昌之梅山。

國際

秘、厄兩國接受美國停戰建議。

南路德、羅聯軍佔領基希尼夫。

## 7 月 18 日

### 二戰區

敵機在土門里、龍關垣上一帶偵察。

河津敵分六路向我縣府所在地、平原、上井等村包圍，與四十五師激戰。

### 國際

第三次近衛內閣開首次會議，外相松岡辭職，由豐田貞次郎繼任。

## 7 月 19 日

### 二戰區

臨汾劉村敵向曹家嶺、紫頭、枕頭一帶進犯，與我七十二師發生激戰。

### 國內

拉鐵摩爾抵渝。

由莆田東江口登陸敵進犯南箕，被我擊退江口。

### 國際

南路德軍渡過聶斯特河，北路德軍進出於拉多加湖北岸。

敵外相聲明，新閣外交在尊重三國公約。

## 7 月 20 日

### 二戰區

暫四三師進抵聞喜陳家莊，與丁村敵發生遭遇戰。

### 國內

豫北敵由沁陽西犯，與我軍在柏香鎮激戰。

8　閻錫山故居所藏第二戰區史料 **第二戰區抗戰大事記**（1941-1943）
Historical Documents of the Second Theater in the Yan Hsi-shan's Residence
The Daily Records of the Second Theater in the Second Sino-Japanese War, 1941-1943

## 7月21日

二戰區

　　河津敵向廟前村我軍砲擊。

國內

　　潛江敵企圖強渡被我擊退。

## 7月22日

國內

　　蘇北敵侵犯寶應、鹽城。

國際

　　敘利亞英軍宣佈戒嚴，逮捕德、義僑民。

## 7月23日

二戰區

　　六十九師二零六團在洪洞西公孫堡擊退向杏村進犯
之敵。

國內

　　漢口敵偽停閉路透分社及英文楚報。

國際

　　日向越要求畀與軍事便利，以鞏固越南防務。

## 7月24日

國內

　　平溪敵竄犯武寧東津口，被我軍擊退。

國際

　　羅斯福解釋，油類輸日為防止戰爭延及南洋。

## 7 月 25 日

### 二戰區

臨汾等縣敵進犯黃崖，我暫三八師一團一營在浪泉村苦戰終日，壯烈犧牲。

### 國際

美斥責日寇為侵略國。

日內閣舉行會議檢討緊張局勢。

## 7 月 26 日

### 二戰區

敵機一架在忻縣楊家坟，被我游擊隊用機槍擊落。

### 國際

英、美宣布封存日本在英、美各地資金。並徇中國政府之請，封存中國資金。

## 7 月 27 日

### 二戰區

臨晉、榮河、猗氏敵分途向大嶷山圍攻，我暫四三師奮起迎戰。

### 國內

宜昌敵第十三師團分三路西犯，一股北犯陳家台，一股西犯大金山，一股北犯法官泉。

### 國際

羅斯福任麥克阿瑟為遠東軍司令，將菲島陸軍併入，統一指揮。

10

閻錫山故居所藏第二戰區史料 **第二戰區抗戰大事記**（1941-1943）
Historical Documents of the Second Theater in the Yan Hsi-shan's Residence
The Daily Records of the Second Theater in the Second Sino-Japanese War, 1941-1943

## 7月28日

### 二戰區

臨晉敵向福壽堆擾害，被我暫四三師擊退。

### 國內

宜昌敵竄至五金山、長嶺崗。

### 國際

艾登與荷外長討論遠東局勢。

## 7月29日

### 二戰區

我暫四三師第一團在萬泉景村、東莊與出犯梁家莊敵遭遇作戰。

### 國內

敵步騎千餘由李家市等地向浩子口進犯，被我擊退。

### 國際

日法聯防議定書公佈，日軍在金蘭灣登陸。

敵在我淪陷區封存英、美資金。

## 7月30日

### 二戰區

汾、南、萬、榮、臨、猗會合敵向大嶷山我暫四十三師防地進攻。

### 國內

敵機飛渝炸美艦圖圖拉號及美使館。

### 國際

敵艦開西貢。

賀甫金斯抵莫斯科。

## 7 月 31 日

**國內**

宜昌出犯中路敵，竄至趙家院子，右路至鑪林，左路至雞公山。

**國際**

美宣佈檀香山捕獲日輪十九艘。

12　閻錫山故居所藏第二戰區史料 **第二戰區抗戰大事記**（1941-1943）
Historical Documents of the Second Theater in the Yan Hsi-shan's Residence
The Daily Records of the Second Theater in the Second Sino-Japanese War, 1941-1943

## 8月1日

二戰區

　　犯大巄山敵被擊退回。

　　孝義北我騎兵軍佔領宋家莊。

國內

　　宜昌出犯敵，中路經黃土坡向蔡家河、黃公山進犯。

國際

　　泰國承認偽滿洲國。

## 8月2日

二戰區

　　六十一軍軍部在洪洞官府渡過汾河，開闢汾東政權。

國內

　　我軍克復黃土坡、分鄉場，包圍黃家場。

國際

　　英、芬絕交。

　　威爾斯與英、澳等使節會商遠東局勢。

## 8月3日

國內

　　沙市敵第四師團向岑河口、郝穴進犯。

　　宜昌我克郭家沖、天寶山。

國際

　　貝當向美保證不再以軍事基地畀德。

## 8 月 4 日

二戰區

我七二師二一四團在臨汾西田村設伏襲擊由劉村北
犯之敵。

國內

法兵向我上義侵犯，盤接該地，以機槍掃射平民。

## 8 月 5 日

國內

宜昌對岸我軍攻克余家舖、易家坪、劉家坪、巷子
等地。

## 8 月 6 日

二戰區

我空軍三十架出現運城市空。

六十一軍肆拾捌師渡過汾河向浮山推進。

國內

白果園迄許家河一線敵我激戰後，我將石板灣克復。

敵機亂炸陝、湘、贛各地。

國際

羅斯福、邱吉爾在大西洋英艦威爾斯親王號會晤。

## 8 月 7 日

二戰區

六九師到達浮山臥虎山，與由趙曲、堯廟出犯之敵
激戰。

14 | 閻錫山故居所藏第二戰區史料 **第二戰區抗戰大事記**（1941-1943）
Historical Documents of the Second Theater in the Yan Hsi-shan's Residence
The Daily Records of the Second Theater in the Second Sino-Japanese War, 1941-1943

### 國內

鄂西我軍續將龍王洞克復，敵退至黃柏河。

### 國際

蘇機首次飛襲柏林。

美聯邦造船公司罷工。

## 8月8日

### 國內

鄂西除曹家塞敵被我包圍外，餘均恢復原態勢。

### 國際

泰國聲明保衛獨立。

## 8月9日

### 二戰區

我騎一、騎二兩師各一部在汾、孝一帶積極活動，敵大批軍用品北運。

萬泉敵出犯孤山，在桃洞將猗氏縣長俘去。

### 國內

榮縣敵進犯夏閣被我擊退。

## 8月10日

### 二戰區

稷山敵二百餘犯我大有莊陣地，被我四五師擊退。

### 國內

鄂中我克郝穴，乘勢向岑河口追擊。

國際

英、蘇向土保證，苟被侵略，決予援助。

## 8 月 11 日

二戰區

新絳、稷山敵將沿汾河各渡口封鎖。

國內

潛江南犯敵被我擊退，我續克龍灣。

國際

美海軍在太平洋沿岸作空前大演習。

## 8 月 12 日

二戰區

我騎一軍收復孝義城。

國內

敵機大批襲渝。

國際

貝當任命達爾朗兼國防部長、海陸空軍總司令。

羅、邱發表宣言：

一、兩國不擴張領區，

二、非民族自由之領土改變，不願其實現，

三、尊重民族自由，

四、各國對貿易原料享受平等，

五、各國經濟合作，提高社會安全，

六、重建各國之自由安全，

七、各民族海上自由，

16 閻錫山故居所藏第二戰區史料 **第二戰區抗戰大事記**（1941-1943）
Historical Documents of the Second Theater in the Yan Hsi-shan's Residence
The Daily Records of the Second Theater in the Second Sino-Japanese War, 1941-1943

八、解除侵略者武裝。

## 8月13日

二戰區

　　汾南敵分五路進犯萬泉西之許村、李家坡，與我游擊第四縱隊十一、十二兩支隊及卅四軍激戰，我軍分別轉移外線。

國內

　　敵機三十架轟炸西安。

國際

　　敵不管部大臣平沼被刺受傷。

## 8月14日

二戰區

　　汾南敵千餘向我暫四三師、四四師包圍襲擊，戰爭異常激烈。

國內

　　河北敵向冀中及晉冀察邊區分路竄擾。

國際

　　美白宮發表羅邱宣言，內包八項原則，以消磨侵略武力。

　　南路蘇軍自基洛夫格勒及培佛海斯克撤退。

## 8月15日

二戰區

　　敵抽調大兵向正太路南北地區進犯。

**國內**

我軍復向隨縣崇獨山進襲，佔領高廟。

**國際**

德、羅聯軍包圍敖德薩。

英、美向蘇建議開三國會議。

## 8 月 16 日

**二戰區**

汾南敵在稷王山西孤峰山週圍襲擊我軍。

**國內**

三水敵一股北犯黃塘圩，一股向馬房附近強渡。

**國際**

美油船啟航赴海參崴。

## 8 月 17 日

**二戰區**

浮山敵竄槐馬村，經我四三軍工兵營擊退。

**國際**

美與日照會：如日本進一步實現侵略，美即取必要步驟。

## 8 月 18 日

**國內**

三水敵竄舊三水。

**國際**

北路德軍佔領列城西之金基塞普。

## 8月19日

### 國內

馮欽哉任察主席。

### 國際

日本內閣通過航運統制計劃。

## 8月20日

### 二戰區

我機飛新絳、聞喜散發傳單。

### 國內

丹麥承認滿洲、南京偽組織，我國與之絕交。

岳陽北岸螺山敵經聶家河北犯。

### 國際

蘇軍退守聶伯河以東，並炸毀河上橋樑五座。

德、羅聯軍佔領刻松。

## 8月21日

### 二戰區

猗氏城東北陸喜營、果家莊附近敵我激戰終日，雙方傷亡各數百。

### 國際

南路德軍佔領敖德薩，北路佔領列城東南之諾佛奇羅得及納瓦。

## 8 月 22 日

### 二戰區

芮城敵五百餘北犯,與我軍激戰於陰家窰、王家窰、柳樹斜一帶。

### 國內

皖北宿縣敵經臨淮集向曹市集竄擾。

### 國際

敵大藏省宣佈發行新中國事件公債六萬萬日元。

美陸軍部接收聯邦造船公司。

白俄羅斯德軍佔領哥美爾。

## 8 月 23 日

### 二戰區

柳林敵分三路向我交泥龍陣地進犯,與暫四二師激戰。

### 國內

我軍向湖口東南橫山一帶襲擊。

### 國際

墨、德絕交。

羅斯福下令指定馬尼剌為海上設防區,限制該地航運。

## 8 月 24 日

### 二戰區

中陽敵向郝家嶺進犯,與七一師二一一團戰鬥。

20　閻錫山故居所藏第二戰區史料 **第二戰區抗戰大事記**（1941-1943）
Historical Documents of the Second Theater in the Yan Hsi-shan's Residence
The Daily Records of the Second Theater in the Second Sino-Japanese War, 1941-1943

**國內**

連江敵北犯宋山，被我擊退。

**國際**

多布魯克英、德軍雙方砲戰。

## 8月25日

**二戰區**

七二師二一六團在臨汾鴉兒溝伏擊徵糧偽警。

**國內**

蘇、浙邊境我軍向長興近郊進攻。

**國際**

英、蘇軍開入伊朗境。

希特勒、莫索里尼在德大本營進行談話，討論有關軍事、政治問題。

## 8月26日

**國內**

我政府承認捷克流亡政府。

**國際**

羅斯福接見胡適，決定派軍事代表團來華。

赫爾宣佈美對太平洋問題，以中日戰爭爆發時，所提之八項主張為原則。

## 8月27日

**二戰區**

山西省教育會學生會在克成立。

聞喜敵二百餘向城西北上莊我駐軍進犯，被擊退。

國內

我將聶家河、張家廟敵偽肅清後進至馮家墩、楊家墩與白螺增援敵對抗。

國際

蘇軍開入伊北部大不里士。

北路德軍佔領大方城。

## 8 月 28 日

二戰區

敵一一零師團、四十一師團分路向晉冀察邊區進犯。

國內

我訪緬團由滇飛緬。

皖南攻擊香口之我軍突破敵第一線陣地，佔領測量山。

國際

野村與羅斯福、赫爾會談，面致近衛私函。

## 8 月 29 日

二戰區

聞喜敵二百餘再向我軍陣地進犯，戰於新絳西南之臥龍莊，被我斃傷數十。

我軍襲擊介休東西瓦村之敵，斃傷敵數十。

國內

外部公布中、加換使。

由長興犯林城橋敵被我擊退。

22 | 閻錫山故居所藏第二戰區史料 **第二戰區抗戰大事記**（1941-1943）
Historical Documents of the Second Theater in the Yan Hsi-shan's Residence
The Daily Records of the Second Theater in the Second Sino-Japanese War, 1941-1943

國際

　　伊新閣成立，宣佈停止抵抗，對英、蘇議和。

　　德宣佈佔領塔林。

## 8月30日

二戰區

　　十八集團軍一二九師為策應晉、冀、察作戰，在冀南太行區各地發動破襲工作。

國內

　　竄聶家河敵三次西犯均被擊退。

國際

　　美研究近衛之「建立太平洋永久和平提議」，日閣亦審議野村報告。

　　芬軍佔領維堡。

## 8月31日

二戰區

　　我軍在稷山古堆附近襲擊敵人。

國內

　　敵機襲蘭州被我擊落一架。

國際

　　貝當宣佈法國實行一黨專政。

# 9 月 1 日

二戰區

克難坡婦女會成立。

國內

財政部公佈修正禁止進口物品等辦法。

閩江我軍肅清洪塘、侯官市之敵

國際

美國務院宣稱對太平洋問題，應徵求九國公約國意見。

英蘇伊朗停戰協定簽字。

# 9 月 2 日

二戰區

我暫四八師在冀城上石門南端伏擊，斃傷敵十餘人。

國內

政院任錢泰為外部常務次長。

閩江正面我軍收復福德。

國際

蘇聯考察團赴美，考察飛機製造工業。

# 9 月 3 日

二戰區

敵機七架轟炸吉、宣間黃河軍橋，投彈四十餘枚。

國內

我八十師進佔福州城向馬尾追擊，江左亦收復連江。

敵機在汨羅江一帶偵察。

24　　閻錫山故居所藏第二戰區史料 **第二戰區抗戰大事記**（1941-1943）
Historical Documents of the Second Theater in the Yan Hsi-shan's Residence
The Daily Records of the Second Theater in the Second Sino-Japanese War, 1941-1943

# 9月4日

## 二戰區

陌南鎮敵向帙帖砲擊。

## 國內

安義敵竄至宋埠後與我軍展開激戰。

## 國際

赫爾與胡適會談，保證中國無須憂慮美、日談話。

美油船安抵海參崴。

# 9月5日

## 二戰區

曲沃、絳縣、翼城敵八百餘，分線向我絳縣丁家凹一帶防地進犯，激戰甚烈。

## 國內

由彭澤南犯馬坡之敵，與我激戰竟日，我軍先後收復高坡、女兒山、斬兒山等地。

## 國際

美艦克瑞爾號在冰島海遭德潛艇襲擊，美艦出動搜索。

# 9月6日

## 二戰區

絳縣丁家凹一帶敵我激戰一晝夜，雙方傷亡均重，我七十師師長石作衡殉國。

## 國內

吳興、長興出犯敵經我數度阻擊，退回武康。

## 9 月 7 日

二戰區

　　臨汾劉村及小榆村附近之敵二百餘犯我景村防地，被擊潰。

國內

　　湘、鄂邊境敵會犯大雲山。

國際

　　列寧格勒攻防戰達最高潮。

## 9 月 8 日

二戰區

　　稷山敵向城北大善村進犯，一與我暫五十師掩護徵糧部隊激戰。

國內

　　敵軍攻入大雲山，我軍轉入外圍。

國際

　　德經濟代表團抵土。

## 9 月 9 日

國內

　　我一八三師再度克復宋埠。

國際

　　伊朗宣佈停閉軸心國使館。

26 | 閻錫山故居所藏第二戰區史料 **第二戰區抗戰大事記**（1941-1943）
Historical Documents of the Second Theater in the Yan Hsi-shan's Residence
The Daily Records of the Second Theater in the Second Sino-Japanese War, 1941-1943

## 9月10日

### 二戰區

我暫四十師第二團在萬安伏擊徵糧偽警。

### 國內

蔣委員長因日、美談話，聲明中國抗戰決心。

### 國際

伊朗搜捕德、義僑民。

## 9月11日

### 二戰區

敵機一架被我擊落於汾城祖師廟附近，駕駛員等五人斃命。

### 國內

我第四軍攻克大雲山。

### 國際

羅斯福廣播維護海上自由，遠東問題避未提及。

## 9月12日

### 二戰區

絳縣敵百餘竄犯火神廟，被我襲擊退回。

### 國內

敵軍在岳山西新河口登陸。

### 國際

敵皇任宿田乙三為國防軍總司令。

## 9 月 13 日

二戰區

敵分駐汾河沿岸封鎖各渡口，準備掃蕩汾南。

國內

湘北敵第三、第四、第四十師團、第十四旅團，與我第四軍、第五八軍在新墻河激戰。

## 9 月 14 日

二戰區

河津敵在杜家溝與預一師游擊隊激戰。

國內

皖南我軍襲擊東流以東金山之敵。

國際

英海相表示盡力援蘇。

## 9 月 15 日

二戰區

芮城及永樂敵向北楊院進犯，與我保十四團作戰。

國內

鄂南我克通山城。

國際

日使若杉攜重要方案赴美。

## 9 月 16 日

國內

大雲山爭奪戰被我斃敵四千，敵抽調大軍向岳山

28 | 閻錫山故居所藏第二戰區史料 **第二戰區抗戰大事記**（1941-1943）
Historical Documents of the Second Theater in the Yan Hsi-shan's Residence
The Daily Records of the Second Theater in the Second Sino-Japanese War, 1941-1943

增援。

國際

美海軍在大西洋開始護航。

伊朗國王李查汗遜位於其子。

# 9月17日

二戰區

汾南敵會犯稷王山、孤峰山，與我廿四軍展開激戰。

河津敵三犯東禹門，被我預一師擊退。

國內

湘北敵強渡新墻河。

國際

香港道格拉斯碼頭發現水雷若干枚，航運停止竟夜。

# 9月18日

國內

委座發表告國民書，非驅寇軍於國境之外，抗戰決
不停止。

國際

德軍兩師攻入埃及境內。

# 9月19日

二戰區

掃蕩汾南之敵與我軍在猗、孝、滕等處展開激戰。

國內

強渡新墻河敵，竄長樂街、浯口、新市、歸義等

地，我廿軍、五八軍、第四軍在敵後尾追。

國際

　　美向德提出照會，要求賠償羅賓摩爾號損失二百九十六萬七千元。

　　德軍攻入烏克蘭首都基輔。

## 9 月 20 日

二戰區

　　山西省工會在克難坡舉行成立。

　　聞喜、猗氏敵數千向猗氏馬家窰我駐軍圍擊，雙方戰甚烈。

　　河津、韓城間，敵我隔河砲戰。

國內

　　湘北敵強渡汨羅江，我廿六軍自東向西側擊。

國際

　　德軍佔領波爾塔瓦。

## 9 月 21 日

二戰區

　　犯稷王山敵分路退回原處。

　　敵華北派遣軍第二軍軍長岩松義雄飛臨汾、運城一帶視察。

國內

　　十二時日全蝕。

　　汨羅江南岸我卅七軍、九九軍與敵激戰。

閻錫山故居所藏第二戰區史料 **第二戰區抗戰大事記**（1941-1943）
Historical Documents of the Second Theater in the Yan Hsi-shan's Residence
The Daily Records of the Second Theater in the Second Sino-Japanese War, 1941-1943

國際

　　德軍佔領基輔。


# 9月22日

二戰區

　　晉城及柳樹口敵經李家河向陽城進犯，與我二七軍一部在三槐村對戰。

國內

　　粵寇侵入台山城，與我在城郊血戰。

國際

　　英軍事代表團飛抵蘇聯。


# 9月23日

二戰區

　　臨、翼、浮、洪、趙、沁敵在五十畝垣、青城、三交等地將叛逆孫定國部擊潰，向沁水進犯。

國內

　　我空軍飛湘北助戰。

國際

　　中緬代表團，對中國人民移入緬境問題成立協議。


# 9月24日

二戰區

　　敵由清水指揮，由子洪口、白晉路、安澤等地會犯沁源。

**國內**

湘北敵第三師團竄福臨舖。

**國際**

戴高樂法蘭西民族委員會在倫敦成立。

## 9 月 25 日

**二戰區**

晉南三角地帶敵三千餘由永濟、芮城分九路向我一
○九師、一六九師及保安隊各團進犯。

**國內**

敵第六師團在金井與我軍激戰。

**國際**

德軍一路撲攻克里克米亞，一路沿亞速海北進。

## 9 月 26 日

**二戰區**

晉城峰頭敵向東進犯，被我擊退。

**國內**

晉冀察邊區克復阜平。

湘北敵第四師團強渡撈刀河，第三師團經春華山竄
黃花市。

**國際**

蘇聯承認法民族委員會。

英空軍在蘇境摩爾曼斯克擊落德機三十五架。

32　閻錫山故居所藏第二戰區史料 **第二戰區抗戰大事記**（1941-1943）
Historical Documents of the Second Theater in the Yan Hsi-shan's Residence
The Daily Records of the Second Theater in the Second Sino-Japanese War, 1941-1943

## 9月27日

### 二戰區

沁水以東、高平以西各據點敵分九路會犯我九八軍防地。

### 國內

敵第三師團由黃花市竄抵長沙東北郊，與夏軍激戰。

### 國際

格魯會見豐田，面致羅斯福覆函。

## 9月28日

### 二戰區

汾西敵數十竄至洪原上，被我堵擊退去。

### 國內

圖竄長沙東北郊敵被我全部殲滅。

### 國際

捷境波西米亞、摩拉維爾之總理被德逮捕。

## 9月29日

### 國內

長沙外圍敵我撕殺一團。

### 國際

英、美、蘇三國會議在莫斯科開幕。

德軍包圍卡爾科夫。

# 9 月 30 日

二戰區

翼城青城村敵我發生遭遇戰。

國內

我大軍向撈刀河、瀏陽河敵猛烈圍攻。

國際

邱吉爾聲明必須以全力援蘇。

34 　閻錫山故居所藏第二戰區史料 **第二戰區抗戰大事記**（1941-1943）
Historical Documents of the Second Theater in the Yan Hsi-shan's Residence
The Daily Records of the Second Theater in the Second Sino-Japanese War, 1941-1943

## 10月1日

### 二戰區

河津敵千餘北犯，正與我軍激戰中。

### 國內

我與敵在長沙東北展開殲滅戰。

### 國際

泰總理宣佈泰、越邊境確定，湄公河各島劃歸泰國。

德軍佔領黑海咽喉培累科普。

## 10月2日

### 二戰區

我河西砲兵向杜家溝、侯家莊敵砲擊。

### 國內

湘北敵開始三路北竄。

豫東敵第三五師團分三路，自鐵橋、傅莊、京水渡河西犯。

### 國際

三國會議結束，決定共同分配資源方案。

## 10月3日

### 二戰區

河津敵分股北犯，經我六六師、預一師分別阻擊。

### 國內

美助理國務卿格拉第抵渝。

傅莊敵侵入中牟縣城，與廿二師激戰。

國際

德軍向蘇發動全面攻勢，卡爾科夫附近展開坦克戰。

## 10 月 4 日

二戰區

永濟永樂鎮一帶敵我隔河砲戰甚烈。

河津北犯之敵，經我軍連日阻擊，向南潰退。

國內

京水渡河敵與我廿二師、八十一師激戰後，侵入鄭州。

國際

英、美遠東軍總司令及赴華美軍事代表團團長馬格德魯在馬尼剌開軍事會議。

## 10 月 5 日

二戰區

進犯太岳區敵與九八軍在馬壁展開激戰。

國內

我廿二師、廿師各一團，攻入中牟城，八十一師在新鄭五里舖與敵激戰，黃河鐵橋敵在孫寨與十七師血戰後，侵入舊滎澤城。

國際

野村突訪赫爾，建議兩國設法指派船隻裝運郵件。

36　閻錫山故居所藏第二戰區史料 **第二戰區抗戰大事記**（1941-1943）
Historical Documents of the Second Theater in the Yan Hsi-shan's Residence
The Daily Records of the Second Theater in the Second Sino-Japanese War, 1941-1943

## 10月6日

二戰區

　　敵由同蒲、白晉各線向太岳區沁源進犯，與十八集團軍及決死隊激戰。

國內

　　新卅五師、十七師在紀信廟、孔廟與敵血戰。

國際

　　中、英、美在港開始金融會議。

　　德軍分三路向莫斯科展開攻勢。

## 10月7日

二戰區

　　進犯禹門敵已遭嚴重打擊。

　　敵軍攻陷沁源城。

國內

　　湖北敵竄歸新墙河北，我七十二、十五、十八、第四、第廿九各軍向臨湘地區挺進。

國際

　　格拉第在港稱已與我政府訂立礦產合同。

## 10月8日

二戰區

　　垣曲王茅鎮敵竄犯譚家莊，被我擊退。

　　河津敵再犯杜家溝。

國內

　　向宜昌進攻之我軍佔領東山寺。

國際

德土貿易協定簽字。

沿亞速海前進之德軍佔領馬留波爾。

## 10 月 9 日

二戰區

汾西僧念敵犯峪里，經我擊退。

國內

美軍事代表團抵渝。

魯南敵在台兒莊東北地區與我軍激戰。

國際

美總統咨文國會請修改中立法。

巴拿馬發生政變，親軸心之總統柯里亞斯出亡，由民主派加迭亞接任。

德軍佔領奧勒爾。

## 10 月 10 日

國內

我七六師、十三師攻佔宜昌近郊，第九師突入城內。

國際

美總統宣稱巴拿馬政變，與美、巴外交，並不發生影響。

## 10 月 11 日

二戰區

聞喜五龍廟敵竄擾栗村鎮，在大小馬村遭我廿四軍

38 | 閻錫山故居所藏第二戰區史料 **第二戰區抗戰大事記**（1941-1943）
Historical Documents of the Second Theater in the Yan Hsi-shan's Residence
The Daily Records of the Second Theater in the Second Sino-Japanese War, 1941-1943

伏擊退回。

### 國內

鄂西我軍續克南津關。

### 國際

德軍佔領布利揚斯克，並進迫圖拉。

## 10月12日

### 二戰區

汾城敵竄犯趙康、南賈，經我痛擊退去。

河津杜家溝敵前犯禹門，被我擊退。

### 國內

中牟敵向張莊進犯，與二十二師激戰。

### 國際

英倫舉行國際青年大會。

蘇軍退出維亞茲馬。

## 10月13日

### 二戰區

汾南我軍與敵在臥龍莊發生遭遇戰。

堡圪塔敵竄擾三牛村，與我激戰五小時退去。

### 國內

我軍奉令撤出宜昌。

第三集團軍向鄭州近郊猛攻。

### 國際

荷印陸軍當局訪問馬尼剌。

# 10 月 14 日

## 二戰區

卅四軍一部夜襲聞喜城。

## 國內

豫北卅九師向林縣以東敵進攻。

## 國際

若杉、威爾斯會談。

德機械化部隊突入莫斯科西之摩亞斯克。

# 10 月 15 日

## 二戰區

敵偽竄擾吳村，大肆焚燒。

## 國內

中牟敵向張店街竄犯，被我擊退。

# 10 月 16 日

## 二戰區

河津敵向禹門進犯，被擊退。

永濟、芮城我軍已轉至外線。

## 國內

英經濟代表團抵渝。

## 國際

敵第三次近衛內閣宣佈總辭職。

德軍攻佔莫斯科西北方之加里寧。

40 閻錫山故居所藏第二戰區史料 **第二戰區抗戰大事記**（1941-1943）
Historical Documents of the Second Theater in the Yan Hsi-shan's Residence
The Daily Records of the Second Theater in the Second Sino-Japanese War, 1941-1943

## 10月17日

### 二戰區

稷山、翟店敵向永利莊進犯，被我軍擊退。

垣曲同善鎮敵北犯望仙莊，與我保安隊激戰。

### 國內

江陵敵由岑河口、磚椅灣分路南犯。

### 國際

敵國東條奉令組織新閣。

莫斯科市民開始撤退。

## 10月18日

### 二戰區

汾南我軍與敵激戰於榮河縣孫吉鎮，斃敵少佐一員，我亦有傷亡。

### 國內

江陵南犯敵侵入化港後，被我擊退，收復該港。

### 國際

東條內閣組成，聲明以鐵的意志解決中國事件，建立東亞共榮圈。

## 10月19日

### 二戰區

汾南我軍進襲安邑三路里村，與敵激戰多時。

稷山清河鎮敵因遭我不斷襲擊，退竄翟店鎮。

### 國內

京鍾路敵與我在青峰山激戰，另一部在客店經我痛

擊，迄晚敵退黃家集。

國際

蘇聯朱可夫上將負責保衛莫斯科。

南路德軍佔領塔干羅格。


# 10 月 20 日

國內

澳駐華首任公使艾格斯頓抵渝。

綏境我軍進襲固陽城。

國際

英、墨復交。

德軍三路圍攻莫斯科，莫斯科宣布戒嚴。


# 10 月 21 日

二戰區

我軍進擊稷山下迪渡口之敵。

國內

豫敵由滎陽等地分三路侵入廣武城。

偽滿在津英租界內成立領館。

英總領向日提出交涉。

國際

蘇政府人員遷抵薩馬拉。

美參院支付委員會通過六十萬萬軍火租借法案。

德軍佔領亞速海北岸之斯達林諾。

42 閻錫山故居所藏第二戰區史料 **第二戰區抗戰大事記**（1941-1943）
Historical Documents of the Second Theater in the Yan Hsi-shan's Residence
The Daily Records of the Second Theater in the Second Sino-Japanese War, 1941-1943

## 10月22日

### 二戰區

趙城敵竄擾馬牧。

稷山、河津敵均有增加。

### 國內

廣武敵西犯蘇岩與十七師激戰。

岑河口敵侵入郝穴白馬寺。

### 國際

美政府宣佈援蘇物資，改由白海運蘇。

## 10月23日

### 二戰區

汾南敵由南向北、由東向西進犯，與我暫四四師在南北陽城、暫四五師在大德莊等處激戰。

### 國內

工程師學會在貴陽開會討論工業標準化問題。

一七師攻入廣武城。

### 國際

蘇中路軍總司令提摩盛科調南路軍總司令，遺缺由朱可夫繼任。

## 10月24日

### 二戰區

河津敵八百餘竄犯于家河前源頭，圍攻我六六師防地。

**國內**

鄂中我軍克復郝穴。

**國際**

德軍佔領卡爾科夫及比爾哥羅得。

## 10 月 25 日

**二戰區**

河津敵二千餘由西嶝口、佛峪口等處分路北犯。

**國內**

鄭州敵向十里舖、黃崗寺進犯,與我軍激戰。

**國際**

希特勒會見齊亞諾。

## 10 月 26 日

**二戰區**

河津北犯敵在堡子上、嶺上、天神廟地區與我預一師展開激戰。

**國內**

閩江口續克川石島。

## 10 月 27 日

**二戰區**

河津北犯敵經可澗竄陷師家灘、大船窩,一部南犯石廟梁。

敵機三架飛宜川秋林鎮投彈三枚。

44 | 閻錫山故居所藏第二戰區史料 **第二戰區抗戰大事記**（1941-1943）
Historical Documents of the Second Theater in the Yan Hsi-shan's Residence
The Daily Records of the Second Theater in the Second Sino-Japanese War, 1941-1943

國際

美海軍日羅斯福發表援助民主國家演說。

## 10月28日

二戰區

我與敵在鄉寧南杜家嶺、清泉、毛子渠一帶激戰，嶺上之敵退去，我佔天神廟、王家灣。

由可潤向西南犯敵，經石廟梁、天池子向龍門山猛犯。

國際

羅斯多夫近郊及條次內河流域展開激烈爭奪戰。

## 10月29日

二戰區

黃河東岸龍門山我預一師夏團與敵整日在血戰中。

國內

皖北我軍攻入懷遠。

國際

英承認敘利亞共和國。

## 10月30日

二戰區

汾離公路敵大舉向西北進犯陷磧口、臨縣等地。

河津敵由帽子山進陷東禹門。

國際

羅斯福致函史達林，建議由美對蘇實行信用貸款十

萬萬元。

## 10 月 31 日
國內

黃崗寺敵向開封竄退，廿師乘勢進入鄭州。

國際

羅斯福、宋子文協議一小時。

46 | 閻錫山故居所藏第二戰區史料 **第二戰區抗戰大事記**（1941-1943）
Historical Documents of the Second Theater in the Yan Hsi-shan's Residence
The Daily Records of the Second Theater in the Second Sino-Japanese War, 1941-1943

## 11月1日

二戰區

　　興集婦女訓練班舉行開學。

　　汾南敵分路出動，我軍與之展開廣泛游擊戰。

國內

　　信陽敵第三十旅團向東北出犯。

　　廿二師猛攻中牟，八一師向京水推進，十七師向黃
河橋進襲。

國際

　　莫斯科以南整日激戰。


## 11月2日

二戰區

　　我卅四軍在稷山東南南北陽城一帶伏擊由禹門退回
之敵。

國內

　　我軍攻入滎澤城，豫南敵陷正陽、確山。

國際

　　德軍宣佈佔領克里米亞首府森佛羅波爾。


## 11月3日

二戰區

　　由潞城、襄垣、三洛出犯敵，在東陽潤地區與十八
集團軍混戰中。

國內

　　我軍收復京水鎮。

信陽北犯敵竄入汝南。

國際

赫爾再度向芬提請議和。

蘇境德軍佔領庫爾斯克。

# 11 月 4 日

二戰區

我夏團百餘人堅守禹門倉庫與敵血戰。

黎城敵竄至西井鎮。

國內

汝南敵向上蔡、項城進犯被我擊退，我乘勢克復汝南、駐馬店、碻山，敵向新安店退去。

國際

敵廣知時報提出美、日修好之七項計劃，內有撤駐華代表團、停止援華、取消對日包圍線、承認東亞共榮圈、承認滿州國等。

# 11 月 5 日

二戰區

汾城我軍佔領古堆。

軍渡敵向河西砲擊。

國內

我軍續將正陽新安店克復。

綏蒙政委員會在扎薩克開八屆會議。

國際

敵派前駐德大使來栖三郎赴美協助野村進行對美

48 | 閻錫山故居所藏第二戰區史料 **第二戰區抗戰大事記**（1941-1943）
Historical Documents of the Second Theater in the Yan Hsi-shan's Residence
The Daily Records of the Second Theater in the Second Sino-Japanese War, 1941-1943

談判。

## 11月6日

二戰區

　　蘇村、小廟、周流敵向新絳撤退。

國內

　　信陽敵二千餘經平昌關、邢集向大山口、明山頂、申陽台進犯。

國際

　　羅斯福對國際勞工大會演說，全力援助中、英、蘇。

　　澳洲下令武裝商輪。

## 11月7日

二戰區

　　我暫四十三師向夏縣西北之水頭、曹張及安道北之三路李村一帶駐敵襲擊，斃傷敵官兵七十餘。

國內

　　蔣委員長招待中外記者，宣稱反侵略國家最後勝利端賴合作。

國際

　　羅斯福宣佈美考慮撤退在華陸戰隊。

## 11月8日

國內

　　信陽出犯敵被擊退，我恢復原陣地。

## 11 月 9 日

二戰區

　　黎城敵分路東犯，進陷涉縣。

國內

　　南昌安義敵向西山進犯。

國際

　　英首相在倫敦市長例會宴會席上發表，一旦美、日戰起，英國決於一小時內援助美國。

## 11 月 10 日

二戰區

　　神池、寧武、五寨等地敵多向王家溝石、佛河進犯。

國內

　　魯敵自臨沂、費縣、蒙陰、沂水向十八集團軍進犯。

國際

　　邱吉爾講若美對日作戰，英可在一小時內對日宣戰。

## 11 月 11 日

二戰區

　　東禹門、禹王廟我軍停止抵抗。

　　潞城敵攻陷平順。

國內

　　一七師、八十一師、一七七師向黃河橋、霸王城敵猛攻。

50 | 閻錫山故居所藏第二戰區史料 **第二戰區抗戰大事記**（1941-1943）
Historical Documents of the Second Theater in the Yan Hsi-shan's Residence
The Daily Records of the Second Theater in the Second Sino-Japanese War, 1941-1943

## 11月12日

### 二戰區

山西政治突擊委員會工作訓練班舉行畢業典禮。

### 國內

教部擴大社教運動週開幕。

### 國際

英國會開幕。

英海軍在地中海擊沉義驅逐艦三艘。

## 11月13日

### 國內

廣西桂平擊落敵機兩架。

### 國際

美國會通過修正中立法案。

## 11月14日

### 二戰區

翼城敵向古署村包圍我縣府。

### 國內

浙西我軍衝入崇德城內。

### 國際

羅斯福下令撤退駐華海軍陸戰隊。

## 11月15日

### 二戰區

黎城敵攻十八集團軍所在地之水腰。

**國內**

　　廿二師、一一零師攻入中牟城。

**國際**

　　來栖抵華盛頓。

　　日本國會臨時會議開幕。

## 11 月 16 日

**二戰區**

　　殘留禹門敵紛紛退竄汾南。

**國內**

　　舊黃河橋南敵我在張垌、蕪溝激戰。

**國際**

　　來栖與野村舉行會議。

## 11 月 17 日

**二戰區**

　　我保十四團在永濟三張村與敵作戰。

**國內**

　　參政會第二屆第二次大會開幕，蔣議長致詞謂：遠東軍事準備完成，美不放棄條約義務。

**國際**

　　東條在貴族院講日、美談話目的在取消第三國阻礙中國事件之處理，阻止歐戰蔓延遠東。

52 閻錫山故居所藏第二戰區史料 **第二戰區抗戰大事記**（1941-1943）
Historical Documents of the Second Theater in the Yan Hsi-shan's Residence
The Daily Records of the Second Theater in the Second Sino-Japanese War, 1941-1943

## 11 月 18 日

二戰區

　　我軍在臨汾徐村與敵作戰。

　　敵軍攻破水腰，當晚退去。

國內

　　國參會二、三次大會，政府作財政、交通、經濟、
社會等報告。

國際

　　赫爾與野村、來栖會談兩點。

　　日政府研究來栖報告。


## 11 月 19 日

二戰區

　　犯漳河沿岸敵向黎城竄退。

國內

　　國參會，政府作教育、糧食報告。

國際

　　赫爾與民主國使節就美、日談話舉行會商。

　　德國再興對莫斯科的總攻勢。


## 11 月 20 日

二戰區

　　十八集團軍向黎城進攻。

國內

　　國參會討論物價問題。

國際

魏剛解除北非專員職，由巴勞繼任。

# 11 月 21 日

二戰區

暫四四師襲擊聞喜東鎮車站。

國內

長興敵向吳興進擾，被我分路擊退。

# 11 月 22 日

二戰區

我六八師二〇三團在趙城好義村與敵偽發生游擊戰。

國內

國參會通過整飭徵兵練兵辦法，向美國交涉改善華
僑待遇，厲行裁併劃一機關，節減不急政令，以節約人
力、物力，充實國防需要，補充整理文物等案。

國際

中、英、荷、澳使節與赫爾會議三小時。

赫爾與日代表在夜間談話三小時。

# 11 月 23 日

國內

豫北我軍分向淇縣至廟口間敵進襲。

國際

德軍佔領羅斯多夫。

54 | 閻錫山故居所藏第二戰區史料 **第二戰區抗戰大事記**（1941-1943）
Historical Documents of the Second Theater in the Yan Hsi-shan's Residence
The Daily Records of the Second Theater in the Second Sino-Japanese War, 1941-1943

## 11月24日

### 二戰區

萬泉東南西景村之敵在皇甫村附近經我卅四軍襲擊退回。

### 國內

中宣部王部長招待記者稱，ABCD 國家意見一致。

### 國際

赫爾與四國使節就前夜美、日談話之發展，舉行會議三小時。

## 11月25日

### 國內

南昌東何埠周之敵以砲向撫河南岸轟擊，經我還擊，戰至午後。

### 國際

保加利亞、丹麥、芬蘭、哥羅提亞、羅馬尼亞、斯洛伏克、南京偽政權，加入反共公約，決定延長反共公約五年。

## 11月26日

### 二戰區

芮城敵進擾陰家窰，焚毀民房百間。

### 國內

二屆國參會二次大會閉幕，決議重申收復東北決心。

皖南我軍向東流以東襲擊。

國際

宋子文胡適下午二時訪羅總統，提出對日談話意見後，美態度轉硬。赫爾在夜間以解決危機之方案交野村，包括四點：

一、領土主權完整之不可侵犯。

二、商務機會之均等。

三、不干涉他國內政。

四、以和平方式，解決各項問題。

## 11 月 27 日

二戰區

洪洞韓略村敵向吉村進竄，被我擊退。

國內

郭外長與英、美駐華大使會談有關華府談話問題。

我軍進攻彭澤，一度衝入城內。

國際

赫爾致日代表文書深夜轉至日外務省。

東非英軍攻佔義軍最後據點公達爾。

## 11 月 28 日

二戰區

汾南我軍向黨家莊敵襲擊。

六十八師貳零參團在趙城高池，與敵偽激戰。

國內

滬美海軍陸戰隊全部登輪撤退。

由繁昌進犯三山街敵被我擊退。

56 | 閻錫山故居所藏第二戰區史料 **第二戰區抗戰大事記**（1941-1943）
Historical Documents of the Second Theater in the Yan Hsi-shan's Residence
The Daily Records of the Second Theater in the Second Sino-Japanese War, 1941-1943

**國際**

日運輸艦七十艘載軍三萬，由華中向南開去。

## 11 月 29 日

**國內**

美大使高思訪郭外長，就華府談話發表之情報，會談一小時。

日機轟炸昆明及滇緬路。

**國際**

東條重申日本政策為「善鄰」、「防共」、「經濟提攜」，必須排斥英、美勢力於遠東之外。

## 11 月 30 日

**二戰區**

暫四五師突襲汾南翟店敵。

**國內**

中華自然科學研究社十四屆年會在渝開幕。

我軍在貴池收復雙山寺。

**國際**

蘇軍開始總反攻，收羅斯多夫。

英海相宣稱，日本已至險惡之途徑。

## 12 月 1 日

### 二戰區

　　山西進步督導團由同志會、幹委與突擊委員配合組織，分石樓、孝義、隰縣、鄉寧、蒲縣五區，組織各區軍政工作，盡數出發。

### 國際

　　美駐泰公使令在泰美僑完全撤退。

　　遠東美軍當局舉行祕密會議。


## 12 月 2 日

### 二戰區

　　保十三團第三連在永濟姬家灘與敵發生遭遇戰。

### 國內

　　蘄春敵偽向劉公河進犯。

### 國際

　　威爾斯召來栖詢問日在越集中軍隊之目的。

　　英主力艦威爾斯親王號及重級艦多艘開抵新加坡。


## 12 月 3 日

### 二戰區

　　我軍收復翟店。

　　臨晉敵偽進駐夾馬口及吳王渡。

### 國內

　　騎六師進襲偏關敵。

### 國際

　　赫爾招待記者，重申基本國策，在以和平方式解決

58　閻錫山故居所藏第二戰區史料 **第二戰區抗戰大事記**（1941-1943）
Historical Documents of the Second Theater in the Yan Hsi-shan's Residence
The Daily Records of the Second Theater in the Second Sino-Japanese War, 1941-1943

國際爭端。

## 12月4日

二戰區

　　臨汾敵竄東峯頂，與我軍在龍王廟激戰。

國內

　　敵機十八架襲陝。

國際

　　羅斯福召國會領袖會商美、日關係。

## 12月5日

國內

　　第三次全國內政會議開幕。

國際

　　野村、來栖與赫爾舉行八次會談，交日政府對羅提
詢越南駐兵覆文。

## 12月6日

二戰區

　　暫四六師在襄陵李家莊附近與敵作戰。

國內

　　中牟敵西犯大潘莊，與二十二師激戰。

國際

　　羅總統致函日皇，冀戰爭免於萬一。

## 12 月 7 日
二戰區

萬安敵侵佔康家坡。

浮山我軍夜佔天壇里。

## 12 月 8 日
國內

中常會開緊急會議，決定對日、德、義宣戰。

郭外長接見記者，表明我之態度。

蔣委員長、何部長、郭部長與英、美軍事代表團會商。

蔣委員長接見英、美、蘇、澳使節，分交致四國元首電。

國際

日對英、美宣戰，英、美、澳、加、荷印對日宣戰。

日軍轟炸星島、歐胡島、香港、菲律賓、關島、中途島。

日軍在馬來亞、菲律賓、婆羅洲實行進攻。

日軍包圍關島。

日空軍進攻珍珠港，美主力艦被擊沉及炸傷八艘，飛機被毀二百七十架。

上海敵開入公共租界，並將英砲艦擊沉。

敵接收天津租界，並解除美軍武裝。

泰對日妥協，日軍開入曼谷。

## 12月9日

### 二戰區

徐溝、東社敵南犯上塔，與叛軍接觸。

### 國內

我國政府佈告自九日午後十二時起與德、義、日宣戰，所有關係三國之一切條約、協定、合同一律作廢。

敵佔領鼓浪嶼。

### 國際

日軍在菲屬魯班島登陸。

敵軍在馬來亞北部數處登陸，新高打竟日激戰。

尼加拉瓜、洪都拉斯、哥斯達里加、自由法國、海地、比國流亡政府對日宣戰，墨西哥、哥侖比亞對日絕交。

德宣佈結束東線戰爭。

## 12月10日

### 二戰區

萬泉以東西文村之敵四出騷擾，被我卅四軍擊退城內。

岢嵐、五寨、神池等地敵向五寨西大坪、石佛河進犯。

### 國內

蔣委員長發表告軍民書，希共作最後奮鬥，雪我十年積恥，恢復領土主權。

### 國際

英艦威爾斯親王號及利巴爾斯號被炸沉。

紐西蘭、巴拿馬、智利對日宣戰，埃及對日絕交。

## 12 月 11 日

**二戰區**

暫四三師二團襲擊萬泉以北之南和村敵。

**國際**

日艦榛名號被擊沉。

德、義對美宣戰，美亦對德、義宣戰。

日、泰締結攻守同盟。

匈牙利對美宣戰。

## 12 月 12 日

**二戰區**

騎一軍一部進駐介、孝交界之南北橋頭、桑柳、中街村一帶。

**國內**

中宣部王部長，闡述我國態度，並謂反侵略國家，應訂立軍事同盟，並成立統一指揮機構。

**國際**

玻利維亞對日宣戰。

日軍向呂宋島各地進攻。

新高打日軍向吉打發動攻勢。

## 12 月 13 日

**二戰區**

暫四六師第一團在洪洞董莊與敵激戰。

62　闫錫山故居所藏第二戰區史料 **第二戰區抗戰大事記**（1941-1943）
Historical Documents of the Second Theater in the Yan Hsi-shan's Residence
The Daily Records of the Second Theater in the Second Sino-Japanese War, 1941-1943

**國內**

我策應香港戰爭之有力部隊向廣九線之敵施行猛擊。

**國際**

敵傳佔領九龍。

西班牙通知姜大使，外交政策不變。

港督拒絕日最後通牒。

## 12月14日

**二戰區**

汾西敵向阡陌我軍進犯被擊退。

**國內**

重慶國際文化團體召開擴大反侵略會。

**國際**

馬來前線在吉打區激戰。

菲島北部美軍與登陸敵激戰。

敵軍自泰境竄入維多利亞。

## 12月15日

**二戰區**

晉東南敵三十六師團攻陷陵川。

**國內**

九中全會在渝開幕，蔣總裁致詞：發揮國家全力，加強戰鬥力量，建立政治基礎，延覽全國人才，集中人力物力，實行全民動員。

英駐華武官鄧尼斯被任為軍事代表團長。

**國際**

日、德、義在柏林舉行特別會議。

蘇軍克復喀利寧。

## 12 月 16 日

**國內**

豫北偽軍劉涼英、王占勝率部在武陟木欒店反正。

**國際**

日軍在婆羅洲之盛東登陸。

## 12 月 17 日

**二戰區**

晉西北賀龍師收復岢嵐、偏關二城。

**國內**

廣九線我軍進抵橫岡。

**國際**

日軍佔領荷屬澳門。

## 12 月 18 日

**二戰區**

二十七軍克復陵川，追擊敗敵。

**國內**

敵水上機六架在福州圖擾，被我俘獲。

由安陽、湯陰進犯林縣敵，被我軍擊退。

**國際**

北非昔蘭尼以東，德、義軍敗退。

64 | 閻錫山故居所藏第二戰區史料 **第二戰區抗戰大事記**（1941-1943）
Historical Documents of the Second Theater in the Yan Hsi-shan's Residence
The Daily Records of the Second Theater in the Second Sino-Japanese War, 1941-1943

蘇軍在圖拉以南連克數地。

## 12月19日

二戰區

　　暫四十師一部在洪洞杜戍村發生游擊戰。

國內

　　我軍一渡攻入中牟西南兩關。

　　廣九線我軍攻擊龍岡之敵。

國際

　　日軍在香港三處登陸。

　　日軍由巴特華斯進佔檳榔嶼。

## 12月20日

二戰區

　　騎二師五團突襲介休義安村敵。

國內

　　滇宜良空戰，我擊落敵機四架。

　　九中全會通過厲行法治制度案。

國際

　　日軍在達佛島、民答那我島登陸。

　　英軍在北非佔領達亞納。

## 12月21日

國內

　　湘北敵南犯新墻河與我二十軍激戰。

國際

　　日、泰在曼谷簽定十年軍事政治經濟同盟。

　　日軍全部佔領馬來亞之威士利省。

# 12 月 22 日

國內

　　全會通過授予總裁大權。

　　英印軍總司令魏菲爾、美陸軍航空總司令勃勒特自仰光飛渝。

國際

　　日軍在菲島仁牙因灣以八萬之眾進攻，一部登陸。

　　白宮宣佈邱吉爾抵華府與羅會談。

　　日軍佔領威克島。

# 12 月 23 日

二戰區

　　保十三團襲擊芮城上郭村敵。

國內

　　九中全會閉幕，議決宋子文任外交部長，沈鴻烈繼任農林部長，朱家驊繼任考試院副院長，劉尚清任監察院副院長。並為實施土地政策，設地政署。

　　我統帥部與英、美代表開作戰會議。

國際

　　羅、邱舉行作戰會議，出席七十餘人。

　　敵軍在菲阿堤摩南登陸，續在阿古與瑪斯附近激戰。

　　緬甸擊落敵機九架。

66 | 閻錫山故居所藏第二戰區史料 **第二戰區抗戰大事記**（1941-1943）
Historical Documents of the Second Theater in the Yan Hsi-shan's Residence
The Daily Records of the Second Theater in the Second Sino-Japanese War, 1941-1943

## 12 月 24 日

國內

魏菲爾、勃勒特離渝返防。

湘北敵增至萬餘，分八股強渡新墻河，我守軍向側
翼轉移。

國際

馬爾他島擊落敵機三架。

馬來亞古晉港日軍登陸。

## 12 月 25 日

二戰區

永、芮敵分九路向我孔村橋頭圍攻，與保十三團
激戰。

國內

湘北敵復分三路南犯。

贛北奉新敵與我新三軍激戰，武寧敵與三十四師
激戰。

國際

英軍佔領班加西。

香港終止抵抗，降日。

## 12 月 26 日

國內

湘北敵東路竄至南嶽廟後並進佔三江口，中路竄至
大橋，一西路抵青龍橋。與我五十八軍激戰。

**國際**

　　馬尼剌宣佈為不設防城市，菲政府遷出該城。

　　英、美代表終日舉行作戰會議，羅斯福接見李維諾夫與加總理。

## 12 月 27 日

**國內**

　　湘北敵中路分佔汨羅、汝街之線，西路進至河夾塘、劉家洲強行渡河，復分四路南犯。

**國際**

　　潘納爾繼任英遠東軍總司令。

　　日機濫炸馬尼剌。

　　英對保宣戰。

## 12 月 28 日

**國內**

　　竄至汨羅車站敵分兩路西犯，一路沿營田古道犯盤龍橋，一路沿湘陰驛道犯楊梅鋪、牌樓峯。

**國際**

　　宋子文與羅期福會晤。

　　敵機炸蘇門答臘之棉蘭，並降傘兵。

　　艾登自蘇京返英，莫斯科會議我軍事代表團亦參加。

## 12 月 29 日

**二戰區**

　　介休張蘭鎮敵大部南竄，我騎一師攻擊該地偽軍。

68    閻錫山故居所藏第二戰區史料 **第二戰區抗戰大事記**（1941-1943）
Historical Documents of the Second Theater in the Yan Hsi-shan's Residence
The Daily Records of the Second Theater in the Second Sino-Japanese War, 1941-1943

**國內**

汨羅江南岸沿鐵道進犯敵，猛攻同樂橋、新開市等地，與我九二師、九九師、一零四師，反復激戰。

**國際**

馬來英軍撤至怡保以南。

## 12月30日

**國內**

敵第四零師團竄至上沙市，第六師團竄至麻林市以南，第三師團竄至石子舖，第四師團竄至苦竹節，我二十軍、五八軍、三七軍到處阻截敵人。

**國際**

蘇軍由克里米亞登陸，克復刻赤及費澳多西亞兩區。

## 12月31日

**國內**

犯高安敵一股竄平南城。

湘北敵四路向長沙進犯。

**國際**

美新任太平洋艦隊司令尼米茲在珍珠港就職。

# 民國 31 年（1942）

## 1 月 1 日
### 國內

湘北敵抵撈刀河、瀏陽河地區，並進至城郊，我第十軍與敵混戰於城郊。

犯武寧敵與我在修河兩岸對戰。

### 國際

中、英、美、蘇二十六國在美簽訂共同宣言，保證彼此利用資源，不單獨媾和。

## 1 月 2 日
### 國內

我軍事發言人宣佈，我軍為協助友軍作戰，開入緬甸。

長沙外圍各路大軍向敵圍擊，縮小包圍，斃敵數千。

### 國際

美軍撤出馬尼剌。

## 1 月 3 日
### 二戰區

汾南我徵糧部隊與敵在上莊、薛店作遭遇戰。

### 國內

委員長承允中國戰區（包括越南、泰國）陸空軍統帥。

長沙敵四十師團主力轉移西犯，並向瀏陽門、小吳

70 　閻錫山故居所藏第二戰區史料 **第二戰區抗戰大事記**（1941-1943）
Historical Documents of the Second Theater in the Yan Hsi-shan's Residence
The Daily Records of the Second Theater in the Second Sino-Japanese War, 1941-1943

門衝鋒二次，犯經武門三次，均被擊退，以飛機輸送糧
彈，並在城郊放燒夷彈。

我軍克復高安、武寧。

國際

魏菲爾任西南太平洋統帥，勃勒特任副總司令，潘
納爾任參謀長。

# 1月4日

國內

我大軍向敵包圍，南路軍搗敵左翼背後，敵調犯南
門之眾增援，我軍乘勢反攻，至午後東北兩郊敵亦被擊
退，敵向撈刀河退去。

國際

敵機轟炸柯里幾多爾要塞，並向潘潘加省進迫。

艾登廣播英、蘇必能密切合作。

# 1月5日

二戰區

汾西敵出擾閻家山被我擊退。

國內

長沙敗退之敵在盆洲渡河北潰。

國際

魏菲爾總部設爪哇之泗水。

馬來英軍退出康潭。

## 1月6日
國內

北渡撈刀河敵被我包圍於金井、福臨舖以南地區。

行政院決議牟中珩任山東主席，李培基任河南主席。

國際

羅斯福出席國會並提咨文，請擴大軍需生產。

## 1月7日
二戰區

汾西敵再擾郭家店、席家原，被我突襲退回。

國內

中外記者湘北視察團抵長沙。

國際

英軍自彭亭繼續撤退，日軍在霹靂省南部猛攻。

## 1月8日
國內

長沙外圍敗退之敵，在麻林市、福臨舖、麻峯嘴地帶被我蕭、歐、彭、楊、孫、夏、陳、傅八軍四面猛烈截擊。

國際

英軍退至斯立姆河地區。

## 1月9日
二戰區

東船窩敵與我軍隔河砲戰。

72 | 閻錫山故居所藏第二戰區史料 **第二戰區抗戰大事記**（1941-1943）
Historical Documents of the Second Theater in the Yan Hsi-shan's Residence
The Daily Records of the Second Theater in the Second Sino-Japanese War, 1941-1943

國內

湘北敵被我八個軍擊斃一萬三千餘，渡汨羅江北竄。

國際

日軍向吉隆坡北英軍進攻。

## 1月10日

二戰區

芮城敵在上下穀村被我保十四團擊退。

保十三團團長趙志隆率部降敵。

國內

湘北敵化整為零向長樂街逃竄。

國際

蘇軍向斯摩稜斯克推進。

## 1月11日

國內

我軍在福林舖東北之天王廟將敵一股捕捉。

國際

日軍在婆羅洲之塔拉甘島登陸。

## 1月12日

國內

全國度量衡局約集專家開會，決定大小數分節命名。

國際

敵駐蘇大使健川與蘇外交官會晤。

# 1 月 13 日

## 二戰區

翼城敵在油莊附近滋擾，被我軍擊退。

## 國內

潰至新市、黃谷市及附近山谷敵被我孫、楊兩軍繼續包剿，至晚敵向汨水北岸退去。

## 國際

美組織全國戰時勞工局，戴維斯任局長，納爾遜任戰時生產局主席。

# 1 月 14 日

## 二戰區

新二師與保安隊，在垣曲屬葫蘆峪、寺兒山一帶與敵展開激戰。

## 國內

汨水南岸已無敵踪，我軍在新牆附近截擊。

## 國際

馬來日軍進入麻六甲邊界並猛攻金馬士。

# 1 月 15 日

## 二戰區

河津敵集民夫四千餘趕修西磑口至禹門渡及師家灘間之公路。

平陵敵將三區屬下澗安舖等十七村焚毀。

## 國內

新墻河南岸我軍恢復二十三日前態勢。

74 | 閻錫山故居所藏第二戰區史料 **第二戰區抗戰大事記**（1941-1943）
Historical Documents of the Second Theater in the Yan Hsi-shan's Residence
The Daily Records of the Second Theater in the Second Sino-Japanese War, 1941-1943

卡爾調駐蘇大使，薩摩爾任英駐華大使。

國際

美洲二十一國代表在比特羅波士斯開汎美會。

甘地宣佈尾黑魯為繼承人。

## 1月16日

二戰區

翼城敵向山底我軍猛犯，被擊退。

國內

由黃路口以西強渡氾水南犯敵，被我夾擊於張姑奶奶廟，北潰淮陽。

國際

英軍在泰、緬邊境與日軍接觸。

北非英軍克復哈爾法雅。

## 1月17日

國內

我空軍在蒙自擊落日機三架。

國際

德、義、日在柏林簽訂軍事同盟。

邱吉爾自美返英。

## 1月18日

二戰區

芮城敵向魯莊進犯被我擊退。

國內

　　包頭敵由太油房犯營盤召，被我軍節節阻擊，死亡甚眾。

國際

　　蘇軍克復摩亞斯克附近村莊。

## 1 月 19 日

二戰區

　　我卅四軍在汾南徵運之軍糧在吳城渡口被敵搶去三百餘袋。

國內

　　我向淮陽攻擊部隊在張石橋一帶擊退敵四百餘。

國際

　　日軍佔領土瓦，緬軍向北部山地撤退。

　　呂宋戰事陷入混戰狀態。

## 1 月 20 日

二戰區

　　我卅四軍在猗氏高頭村將圍攻之敵擊退。

國內

　　綏遠我向新召反攻。

國際

　　蘇軍克復摩亞斯克。

　　緬新閣成立，巴頓任總理。

閻錫山故居所藏第二戰區史料 **第二戰區抗戰大事記**（1941-1943）
Historical Documents of the Second Theater in the Yan Hsi-shan's Residence
The Daily Records of the Second Theater in the Second Sino-Japanese War, 1941-1943

## 1月21日

### 國內

潮陽敵犯桑田，被我擊退。

### 國際

荷印破壞巴里八板油田。

日軍進攻新幾內亞。

東條在敵議會演說，表示對華媾和之議。

## 1月22日

### 國內

我空軍大隊進襲越南河內。

犯蓮塘敵回竄南畔山。

### 國際

日機轟炸緬甸之毛淡棉。

## 1月23日

### 國內

中牟敵向王莊進犯，被我擊退。

淮陽敵向蔡莊等地猛犯。

### 國際

日軍在拉布爾登陸，並在俾斯麥群島之基多登陸。

日軍進攻巴丹半島，被美軍擊退。

## 1月24日

### 國內

我軍向淡水之敵猛烈攻擊。

國際

　　澳戰時內閣二次向英、美提出呼籲，請於二十四小時內立刻增援。

## 1 月 25 日

二戰區

　　永、虞、解、芮聯合敵分三路向我軍進犯。

國內

　　我克淡水、阿岡墟、罕山墟，敵向深圳退去。

　　敵由石龍、增城分犯惠陽、博羅，傍晚博羅被陷。

國際

　　秘魯及烏拉圭對軸心絕交。

　　英軍退出毛淡棉。

　　泰國對英、美宣戰。

## 1 月 26 日

國內

　　教育部召開教育會議。

國際

　　美軍開抵北愛爾蘭。

　　英宣佈主力艦巴拉姆號沉沒。

## 1 月 27 日

二戰區

　　暫四三師第三團北渡至汽路上，與敵發生遭遇戰。

78　閻錫山故居所藏第二戰區史料 **第二戰區抗戰大事記**（1941-1943）
Historical Documents of the Second Theater in the Yan Hsi-shan's Residence
The Daily Records of the Second Theater in the Second Sino-Japanese War, 1941-1943

### 國內

博羅敵續犯大嶺山。

### 國際

緬南英軍撤退墨吉。

日軍首次轟炸達爾文港。

## 1月28日

### 國內

敵沿東江向惠陽進犯。

### 國際

日軍在恩道登陸。

## 1月29日

### 國內

我軍在惠陽城西飛鵝嶺將敵擊退。

### 國際

日軍在婆羅洲邦憂登陸,並進佔古晉。

## 1月30日

### 二戰區

我卅四軍擊退由萬泉城竄犯馬家窰之敵。

### 國內

敵向石龍退去,我軍克復博羅。

我軍一度攻入輝縣城。

### 國際

荷印第二海軍根據地安波那島激戰。

英軍自柔佛向新加坡撤退。

## 1 月 31 日

二戰區

榮、臨、猗、聞等處敵四出滋擾，阻我運糧。

國內

財部電令港、滬四行停止營業。

我軍攻入豫北輝縣城。

國際

馬來亞戰事結束，日軍圍攻星洲。

英軍撤出毛淡棉。

80 閻錫山故居所藏第二戰區史料 **第二戰區抗戰大事記**（1941-1943）
Historical Documents of the Second Theater in the Yan Hsi-shan's Residence
The Daily Records of the Second Theater in the Second Sino-Japanese War, 1941-1943

## 2月1日

### 二戰區

安澤、屯留、平遙、池縣敵分路向沁源掃蕩。

### 國內

我軍收復粵東樟木頭、石馬。

### 國際

日軍已佔坤甸，安波那在續戰中。

## 2月2日

### 二戰區

由陽泉增開汾陽敵向西北進犯興、臨等縣。

### 國內

蔣委員長餞別英使卡爾。

### 國際

美宣佈貸華五萬萬元，英亦宣佈貸華五千萬鎊。

## 2月3日

### 國內

粵敵復攻至惠陽西北。

### 國際

日機首次夜襲仰光。

## 2月4日

### 二戰區

長治、潞城、武鄉、遼縣敵會犯黎城，與我軍在桐
峪鎮、西營鎮一帶展開激戰。

和順、榆次、大谷敵向榆社馬坊進犯。

國內

魯南敵由沂水、莒縣等地分六路向沂山地區進犯。

國際

日軍開始總攻新加坡。

英內閣改組，卑維勃魯克任生產部大臣。


## 2 月 5 日

二戰區

五寨、神池、靜樂等處敵分路向興縣進犯。

國內

粵敵復侵入惠陽。

國際

美眾院通過對華貸款案。


## 2 月 6 日

二戰區

會犯晉西北敵竄陷興縣、岢嵐。

國際

美陸軍部宣佈英、美成立參謀長聯席會議。


## 2 月 7 日

國內

粵境我軍克復惠陽、博羅兩城。

國際

賀浦金斯任美軍火分配局局長。

82 | 閻錫山故居所藏第二戰區史料 **第二戰區抗戰大事記**（1941-1943）
Historical Documents of the Second Theater in the Yan Hsi-shan's Residence
The Daily Records of the Second Theater in the Second Sino-Japanese War, 1941-1943

## 2月8日

### 國內

中國教育學術團體二屆聯合年會在渝開會。

### 國際

日海陸空軍向新加坡猛攻。

## 2月9日

### 國內

皖北我軍克復蒙城。

蔣委員長偕夫人赴印度。

### 國際

日軍於上午一時在新加坡西岸登陸。

我軍首批開入緬境。

## 2月10日

### 二戰區

進犯晉西北敵陷我保德。

### 國內

皖北我軍克復渦陽。

### 國際

日軍在馬加撒附近登陸。

## 2月11日至12日

【無記載】

## 2月13日
### 國內
鄂北淅河敵千餘進犯黃家灣。
### 國際
蔣委員長赴印、阿邊境視察開伯爾山隘要塞。

## 2月14日
### 二戰區
芮城敵向席家莊、魯家莊進擊，我保安司令部及永、芮兩縣府被圍。

桐峪鎮、西營鎮兩處敵，撤回白晉路。
### 國內
我軍擊退進犯黃家灣之敵。
### 國際
日本跳傘隊降落巨港。

## 2月15日
### 二戰區
聞喜城東鎮、五龍廟敵向溝東地區進犯，我卅四軍向外轉移陣地。

我軍克復保德，敵向橋頭鎮退去。
### 國內
贛北永修敵向缽盂山進犯，經我軍截擊回竄。
### 國際
星洲英軍停止抵抗，向敵投降。

敵在蘇門答臘之巨港登陸。

84
閻錫山故居所藏第二戰區史料 **第二戰區抗戰大事記**（1941-1943）
Historical Documents of the Second Theater in the Yan Hsi-shan's Residence
The Daily Records of the Second Theater in the Second Sino-Japanese War, 1941-1943

## 2月16日

### 二戰區

民族革命同志會舉行四週年紀念大會。

### 國際

日將星洲易名為昭南港。

## 2月17日

### 二戰區

河津我軍夜襲通化鎮，敵受創甚重。

### 國內

崇陽西南我軍收復大沙坪。

### 國際

日內次湯澤三千男升任內相。

## 2月18日

### 國內

蔣委員長與甘地會談。

### 國際

荷蘭斯蒂堡任駐美特使。

## 2月19日

### 二戰區

敵機在鄉寧萬堡子投彈兩枚。

### 國內

軍委會政治部召開政工會議。

國際

英改組戰時內閣，克利浦斯出任掌璽大臣，阿特里調任自治領大臣。

## 2 月 20 日

二戰區

侵入沁源敵所至之處，人煙絕跡，殘殺殆盡，開始撤退。

萬、猗、臨、運及垣、虞、解敵會犯條南。

國內

鄂中我軍向沔陽以南宋新場進襲，將敵營房焚燬。

國際

仰光下令居民疏散。

## 2 月 21 日

二戰區

東陽敵由南圪垛、北角頭，向我軍要西陣地進犯，被我擊退。

國際

日軍在帝汶登陸。

達爾文宣佈戒嚴令。

## 2 月 22 日

二戰區

鄉寧萬堡子敵經河頭村向我一九七團突襲。

86 | 閻錫山故居所藏第二戰區史料 **第二戰區抗戰大事記**（1941-1943）
Historical Documents of the Second Theater in the Yan Hsi-shan's Residence
The Daily Records of the Second Theater in the Second Sino-Japanese War, 1941-1943

**國內**

居禮女士自臘戍飛抵重慶。

**國際**

日軍在峇釐登陸，荷軍正與搏鬥中。

## 2月23日

**國內**

察主席馮欽哉在洛宣誓就職。

皖南我軍向東流油店之敵襲擊。

**國際**

英內閣再度改組，克里格任陸相，勞林任飛機生產部大臣。

蘇軍挺進收復多羅哥布什城。

## 2月24日

**二戰區**

保十四團在芮城西北地區與敵血戰十餘日後，因眾寡懸殊，損失甚眾，政治主任、二營營長均被俘。

**國內**

顧維鈞代表中國出席倫敦太平洋作戰會議。

**國際**

日軍在緬甸進攻，英軍退過西湯河。

## 2月25日

**二戰區**

八路軍仍與敵在濁漳河西岸對戰中。

國內

英經濟代表團團長倪米亞爵士，離渝返英。

國際

中國空軍美志願隊在緬空擊落日戰鬥機十八架、轟炸機一架。

## 2 月 26 日

二戰區

浮山敵五百餘大部竄回臨汾。

國內

贛東彭澤以南我軍佔領苦蓮樹。

國際

英、美簽訂新協定。加強經濟合作。

## 2 月 27 日

國內

我軍向彭澤東南之馬路口、西迴山之敵襲擊。

國際

同盟國軍艦與日艦在爪哇海外發生大戰，日巡洋艦一、驅逐艦三均被擊毀。

## 2 月 28 日

二戰區

敵機在克難坡盤旋後飛吉縣散荒謬傳單。

國內

敵一部在淅河一帶滋擾，經我迎擊敗竄。

88 | 閻錫山故居所藏第二戰區史料 **第二戰區抗戰大事記**（1941-1943）
Historical Documents of the Second Theater in the Yan Hsi-shan's Residence
The Daily Records of the Second Theater in the Second Sino-Japanese War, 1941-1943

國際

日軍在爪哇三度登陸，一在萬隆西北，一在英德、馬汝以西，一在泗水、三寶壟之間。

# 3 月 1 日

## 二戰區

同善鎮敵向麻姑山進犯。

## 國內

陪都隆重舉行韓國三一節紀念大會。

社會部召開人口政策會議。

## 國際

美、菲軍隊將呂宋北部阿勃拉河流域之日軍逐出。

# 3 月 2 日

## 二戰區

晉城敵二千餘向附城進犯，經我廿七軍黃師阻擊，敵午後復增援猛撲。

由平順南犯敵，進抵龍溪鎮，與八路軍激戰。

## 國內

新任贛主席曹浩森赴贛履新。

岳陽湖濱日艦一艘中我水雷沉沒。

## 國際

魏菲爾離爪哇後任印度軍總司令。

荷印政府遷往萬隆。

# 3 月 3 日

## 二戰區

吉縣西南黑修敵向崖窰砲擊。

## 國內

豫、魯邊境敵向曹縣、定陶、荷澤地區進犯。

90 | 閻錫山故居所藏第二戰區史料 **第二戰區抗戰大事記**（1941-1943）
Historical Documents of the Second Theater in the Yan Hsi-shan's Residence
The Daily Records of the Second Theater in the Second Sino-Japanese War, 1941-1943

國際

　　吉爾貝特島以西之美艦隊擊落日轟炸機十六架。

## 3月4日

二戰區

　　陵川附城鎮以東之敵二千餘經我軍猛擊，死傷三百餘，不支西竄。

國內

　　美派來華之戰略家史蒂威爾將軍飛抵渝。

國際

　　日軍強渡西湯河，在庇古以東發生戰爭。

## 3月5日

二戰區

　　晉臨時行政會議閉幕，計開十三日，通過興利除弊案四十餘件。

國內

　　蔣委員長訪印、緬後，乘機飛返陪都。

國際

　　亞歷山大中將任緬甸英軍總司令。

## 3月6日

國內

　　陳策飛抵陪都。

　　魯南泰安敵向蒙陰以南桃墟進犯。

國際

荷軍自巴達維亞撤退。

美國務院宣佈派遣工業代表團赴印開發印度資源。

## 3 月 7 日

二戰區

敵酋畑俊六飛底太原。

國內

英新任駐華大使薛穆爵士向主席呈遞國書。

國際

英軍撤出仰光。

## 3 月 8 日

二戰區

興集召開三八婦女節紀念大會。

敵向長治集中兵力,敵酋畑俊六飛長治視察。

國內

蔣委員長接見荷蘭公使白魯格及澳大使艾格斯頓。

國際

日軍在新幾內亞北岸之薩拉摩登陸。

## 3 月 9 日

二戰區

安邑、運城敵近日不斷四出滋擾,我正加緊打擊中。

國內

旅美英僑領袖司徒美堂自港脫險,飛抵重慶。

92 | 閻錫山故居所藏第二戰區史料 **第二戰區抗戰大事記**（1941-1943）
Historical Documents of the Second Theater in the Yan Hsi-shan's Residence
The Daily Records of the Second Theater in the Second Sino-Japanese War, 1941-1943

**國際**

萬隆失陷，荷印副總督穆克飛澳。

## 3月10日

**國內**

王部長發表我政府決定派遣軍事代表團赴美，由熊式輝將軍率領，美國史蒂威爾中將任中國戰區統帥部參謀長。

**國際**

日軍又在芬墾臍附近之灘里琪港登陸。

## 3月11日

**二戰區**

六縱隊特務連在新絳蘆家莊與敵作戰。

**國內**

浙敵侵佔象山港。

**國際**

邱吉爾向下院聲明，決派克利浦斯赴印度。

## 3月12日

**二戰區**

臨、猗、榮三縣敵五百餘分三路向高頭鎮南卓宜村進犯，與我第五縱隊激戰終日。

**國內**

全國各地舉行國民精神總動員三週年大會。

國際

宋外長與美總統會談，交換有關遠東形勢意見。

## 3 月 13 日
二戰區

由王茅鎮向張家莊進犯之敵，被我擊退，我軍轉至南溝。

國內

彭澤方面我軍攻克老頭山、蘇山等據點。

國際

日軍佔領蘇門答臘首府棉蘭。

## 3 月 14 日
二戰區

太原敵千餘、砲二十門竄柳林。

國內

昆渝途中中航客機失事，英軍事代表團長鄧尼斯少將等遇難。

國際

緬境日軍三路推進，一面進攻北省，一面進攻薩拉瓦第，一面由庇古北窺瓦城。

## 3 月 15 日
二戰區

榮、臨、猗敵結集羅村後，開始向各地滋擾，企圖摧毀我汾南政權。

94

閻錫山故居所藏第二戰區史料 **第二戰區抗戰大事記**（1941-1943）
Historical Documents of the Second Theater in the Yan Hsi-shan's Residence
The Daily Records of the Second Theater in the Second Sino-Japanese War, 1941-1943

**國內**

渝市成立中國人文科學社。

**國際**

美機轟炸拉布爾日機場。

## 3月16日

**二戰區**

垣曲縣王茅、平原敵與我軍在葫蘆峪發生遭遇戰。

**國內**

中、伊簽訂友好條約。

**國際**

瓦城英軍克復莞仁。

## 3月17日

**二戰區**

汾南小梁、嵋儲等村敵向里望、和井等地進犯，經
我軍擊退。

**國內**

包頭敵分股南犯東官府等地，經我軍擊退。

**國際**

麥克阿瑟任澳洲盟軍總司令。

## 3月18日

**二戰區**

敵山西派遣軍司令岩松義雄到西坡土地廟視察。

國內

棗莊敵東向蘭陵進犯，經我軍擊退。

國際

中國空軍美志願隊擊毀日機十五架。

## 3 月 19 日

二戰區

鄉寧南王家溝嶺上敵，向林山廟三路進犯，經我駐
軍擊退。

國內

鄂南我軍向白螺磯等地敵襲擊。

國際

緬境英軍由薩拉瓦底撤退。

## 3 月 20 日

二戰區

集結河津之敵自佔北山各據點後，以砲向我轟擊。

國內

中國糧食協會在渝成立。

國際

日軍向新幾內亞首府莫勒斯比港推進。

## 3 月 21 日

二戰區

汾城堡圪塔敵百餘竄關王廟附近池底溝與我激戰。

96 　閻錫山故居所藏第二戰區史料 **第二戰區抗戰大事記**（1941-1943）
Historical Documents of the Second Theater in the Yan Hsi-shan's Residence
The Daily Records of the Second Theater in the Second Sino-Japanese War, 1941-1943

**國內**

　　豫北偽軍馬成龍率部來歸。

**國際**

　　麥克阿瑟抵墨爾本，正式就任澳洲最高統帥。

## 3月22日

**國內**

　　粵南敵一部向赤溪附近登陸。

**國際**

　　緬甸日軍威脅東瓜。

## 3月23日

**二戰區**

　　敵機五架在孝義發散傳單。

**國內**

　　赤溪登陸之敵，竄入縣城，經我軍反擊將該城克復。

**國際**

　　英特使克利浦斯抵新德里。

　　東瓜以南砲十二門，經華入緬部隊殲滅。

## 3月24日

**二戰區**

　　師家灘附近姚家嶺敵我隔河砲戰。

**國內**

　　進佔博愛敵向我進犯，經我擊退。

國際

日兵佔領東瓜以北之機場。

## 3 月 25 日
二戰區

敵機十九架沿黃河擾襲，在軍橋附近投彈二百餘枚。

國內

日機五十餘架分四批竄擾陝境。

國際

日軍佔領孟加拉灣之安達曼群島。

## 3 月 26 日
二戰區

襄陵敵三百餘分數路西犯，在石瓶村與我軍激戰三小時，敵不支回竄。

國內

日機十八架分二批侵入陝境肆擾。

國際

華軍在東瓜西、南、北郊與敵搏戰。

## 3 月 27 日
國際

克利浦斯與甘地會晤。

98 | 閻錫山故居所藏第二戰區史料 **第二戰區抗戰大事記**（1941-1943）
Historical Documents of the Second Theater in the Yan Hsi-shan's Residence
The Daily Records of the Second Theater in the Second Sino-Japanese War, 1941-1943

## 3月28日

### 二戰區

汾陽敵千餘竄中陽，汾離公路各據點敵均有增加。

### 國內

鄂中我軍襲擊山口太平寺之敵。

### 國際

日駐蘇大使佐藤尚武抵古比雪夫。

## 3月29日

### 二戰區

興集各界舉行革命先烈紀念大會。

### 國內

滇境空戰擊落敵機一架。

國府公佈總動員法。

### 國際

印度國民大會執委會舉行會議。

## 3月30日

### 國際

英軍由普羅姆公路北退。

## 3月31日

### 國內

政院任沈華為駐印專員。

### 國際

華軍撤離東爪城。

## 4 月 1 日

二戰區

汾陽竄到敵軍二千，司馬鎮敵一股竄擾南興、宜鎮抓夫，當遭擊潰。

國內

綏遠包頭敵渡河竄五福廟，屠殺民眾百餘。

國際

太平洋作戰會議在白宮召開首次會議，由中、英、美、澳、紐、荷、加組成。

印度國民大會拒絕英國建議。

## 4 月 2 日

二戰區

南昌東北我軍克復鷺鷥口。

國內

豫南我軍向信陽以北長台關之敵進擊。

國際

美機首次襲擊安達曼群島。

## 4 月 3 日

國內

魯境敵自濟寧分路向我軍猛犯，冀豫邊區敵亦自大名向觀城進犯。

國際

克利浦斯與魏菲爾會談。

100 | 閻錫山故居所藏第二戰區史料 **第二戰區抗戰大事記**（1941-1943）
Historical Documents of the Second Theater in the Yan Hsi-shan's Residence
The Daily Records of the Second Theater in the Second Sino-Japanese War, 1941-1943

## 4月4日

### 二戰區

興集各界召開兒童節紀念大會。

師家灘敵與我軍隔河砲戰甚烈。

### 國內

陪都跳傘塔舉行落成開幕典禮。

### 國際

甘地離新德里前往華德哈。

美海斯任駐西班牙大使。

## 4月5日

### 二戰區

臨汾敵千餘，分竄汾城、萬泉。

### 國內

捷克駐華公使米諾夫斯基抵渝。

### 國際

英轟炸機三百架猛炸萊因區。

## 4月6日

### 二戰區

翼城隆化鎮敵竄擾楊家河，我正阻擊中。

### 國內

湘北羊樓司敵向桂柱坳進犯，經我擊退。

### 國際

盟國空軍猛炸拉布爾及喀斯瑪塔。

## 4 月 7 日

### 國內

豫北敵向修武以北進犯，與我激戰竟日。

### 國際

巴丹美軍退至預設之防禦陣地。

## 4 月 8 日

### 國內

我軍分襲荊門北三叉路後家高廟，斃敵百餘。

鄂境敵向白里進犯，被我擊潰。

### 國際

我軍事代表團團長熊式輝飛抵美國。

## 4 月 9 日

### 二戰區

廿七軍陳師襲擊西火鎮敵。

### 國際

東瓜北犯敵與華軍在斯瓦河激戰。

## 4 月 10 日

### 二戰區

鄉寧土地廟敵竄王家溝、于家河、荊灣，我相機阻擊中。

### 國內

豫北王屋敵進犯東洋店，經我軍擊退。

102　閻錫山故居所藏第二戰區史料 **第二戰區抗戰大事記**（1941-1943）
Historical Documents of the Second Theater in the Yan Hsi-shan's Residence
The Daily Records of the Second Theater in the Second Sino-Japanese War, 1941-1943

國際

英赫美斯號航空母艦在錫蘭島海外被日機炸沉。

## 4月11日

二戰區

萬堡子山及石門村敵以毒瓦斯砲向我宜川馬如坪陣
地轟擊。

國內

魯諸城西北殲敵二百餘。

國際

克利浦斯發表聲明，撤回英政府建議。

## 4月12日

二戰區

汾南敵向臨晉北李莊進犯，與我第五縱隊一部激戰。

國內

包頭敵與我軍在王二窰子激戰。

國際

克利浦斯遄反英倫。

保國新閣成立召集會議。

## 4月13日

二戰區

河津敵七百餘北犯太平先黃廟，當遭我軍痛擊。

國內

豫我軍向中牟城關及太平廟敵陣地襲擊。

國際

　　緬境伊洛瓦底全線激戰。

# 4 月 14 日

二戰區

　　第六縱隊在夏縣境內，擊退竄擾黑虎廟敵。

國內

　　湘北我軍進襲岳陽東北長安驛。

國際

　　德向貝當提出最後通牒，要求由賴伐爾出任政府
首領。

# 4 月 15 日

國內

　　粵從化方面我軍向前港敵襲擊。

國際

　　緬南路華軍撤至苗臘。

# 4 月 16 日

二戰區

　　汾陽司馬鎮大王村敵竄田屯、辛莊，我分別痛擊。

國內

　　包頭以南敵南串竄不拉、上王、二蔥子一帶地區，
經我軍阻擊，戰鬥甚烈。

國際

　　日軍在班乃島登陸。

## 4月17日

### 二戰區

禹門口砲戰激烈。

### 國內

蔣夫人以許士麒所繪之圖贈美空軍。

### 國際

仁安羌英軍被圍，我軍馳援與日軍激戰。

日軍佔領巴丹半島，菲戰停止。

## 4月18日

### 國際

美機由航艦黃蜂號載運，飛襲東京、名古屋、神戶等地。

## 4月19日

### 二戰區

暫四一師在孝義東萬戶堡與敵發生遭遇戰。

### 國內

粵中神岡東北白田岡之敵千三百餘，與我在從化東南石古拉達附近激戰。

鄂西荆、沙外圍斬獲甚眾。

### 國際

法新政府組成，賴伐爾任總理兼外交部長、內政部長、情報部長，達爾朗任海陸空軍最高統帥。

麥克阿瑟任西南太平洋戰區總司令。

## 4 月 20 日

### 二戰區

敵機三批向我七郎窩軍橋投彈三百餘枚。

### 國內

信陽縣母豬河敵向西北竄擾，為我擊退。

### 國際

美、澳空軍轟炸薩拉摩。

## 4 月 21 日

### 二戰區

汾陽三泉鎮敵向南北麻莊竄擾，經我擊潰。

### 國內

日機三十六架轟炸衢縣。

### 國際

緬平蠻北郊華軍與日軍繼續鏖戰。

## 4 月 22 日

### 國內

陪都成立孔學會，闡揚民族文化。

### 國際

美軍開抵印度戰場。

## 4 月 23 日

### 二戰區

汾陽敵進犯孝義宋家莊、蘇家莊，數度衝鋒均被擊退，午夜敵衝村內發生巷戰。

106 | 閻錫山故居所藏第二戰區史料 **第二戰區抗戰大事記**（1941-1943）
Historical Documents of the Second Theater in the Yan Hsi-shan's Residence
The Daily Records of the Second Theater in the Second Sino-Japanese War, 1941-1943

國際

　　緬甸日軍由河邦西犯侵入棠吉。

## 4月24日

二戰區

　　進犯宋家莊、蘇家莊敵增援猛撲，村內展開巷戰，
我因眾寡懸殊撤出村外。

　　程天放到克難坡。

國內

　　日機二十二架竄擾贛境。

國際

　　緬東敵我在曼德勒南搏戰，戴安瀾師長陣亡。

## 4月25日

二戰區

　　敵軍侵入遼縣之桐峪，十八集團軍總部向東南移動。

國內

　　信陽長台關敵竄至古城高梁店。

國際

　　美軍開抵新喀里多尼亞島。

　　日機襲擊達爾文港，被美機擊落十一架。

## 4月26日

二戰區

　　河津敵進犯先皇廟。

**國內**

犯申陽台及邢家集敵為我軍擊敗，退長台關。

**國際**

毛齊錫礦陷於日軍之手。

## 4 月 27 日

**國內**

孫良誠投敵後，赴南京晉見汪逆。

**國際**

緬薩爾溫江流域戰事最為激烈。

## 4 月 28 日

**二戰區**

慰勞二團團長程天放行抵興集舉行慰勞將士典禮。

**國內**

滇、緬邊境，美機擊落敵機二十二架。

**國際**

薩爾溫江戰事移至臘戌近郊。

## 4 月 29 日

**二戰區**

浮山敵二百餘竄擾東郭村，經我擊潰。

**國內**

冀、魯邊境敵萬餘向濮陽及柳屯進犯，被我軍分途阻擊，由荷澤向柳屯南溫廟竄犯之敵經我痛擊，遺屍千餘具。

108 | 閻錫山故居所藏第二戰區史料 **第二戰區抗戰大事記**（1941-1943）
Historical Documents of the Second Theater in the Yan Hsi-shan's Residence
The Daily Records of the Second Theater in the Second Sino-Japanese War, 1941-1943

國際

　　日軍竄入臘戍。

# 4月30日

國內

　　中牟我一九三師向敵進襲。

國際

　　臘戍日軍續向新唯進犯。

## 5 月 1 日

國內

印教育司長阿金特飛抵重慶。

國際

印國大委會通過決議，要求印度實行獨立。

## 5 月 2 日

二戰區

臨晉、萬泉敵經稷山開往侯馬。

國內

冀、魯、豫敵軍分三路向濮陽、荷澤間之高樹勳軍進犯，在柳屯、大潭、舊河套激戰，我軍由內線轉向外線。

國際

緬境我軍自動放棄瓦城。

## 5 月 3 日

二戰區

我卅四軍由稷山、吳城、周流等地開入汾南。

國內

魯西敵由鄆城向新莊進犯，被擊退。

國際

竄至貴街之日軍續向九谷進犯，經華軍阻擊。

110 | 閻錫山故居所藏第二戰區史料 **第二戰區抗戰大事記**（1941-1943）
Historical Documents of the Second Theater in the Yan Hsi-shan's Residence
The Daily Records of the Second Theater in the Second Sino-Japanese War, 1941-1943

## 5月4日

### 國內

蔣委員長昭告同胞，政府必以絕大決心貫澈國策，同胞必須振奮，創造歷史光榮。

### 國際

所羅門群島之珊瑚海，美、日海軍發生大戰。

## 5月5日

### 二戰區

盤據吉縣南下寬井河之敵經我軍壓迫，竄先皇廟。

### 國內

敵機一百八十架分批竄擾滇境。

### 國際

英軍在馬達加斯加之信使灣登陸。

## 5月6日

### 二戰區

臨汾敵四百餘竄雪花、許鄉米等村焚掠，我軍馳往痛擊。

### 國內

敵機竄擾贛境，在吉安投彈。

### 國際

英軍佔領第亞哥蘇勒士港內之首城，安蒂斯拉法指揮官已投降。

緬華軍將臘密鐵道線上之重要據點梅苗克復。

## 5 月 7 日

二戰區

　　鄉寧以南大坪一帶敵經我擊退。

國內

　　鄂中沔陽敵三路進犯，我十六師與之浴血苦戰。

國際

　　馬達加斯加法指揮官降英。

## 5 月 8 日

國內

　　敵機四十三架分批襲贛。

國際

　　珊瑚海上之日艦被擊退，損失航空母艦一。

　　緬日軍經八莫竄入密支那。

## 5 月 9 日

國內

　　滇邊敵侵入龍陵，擬窺怒江。

## 5 月 10 日

國內

　　滇進窺怒江之敵北犯騰衝。

國際

　　緬由八莫西竄日軍與華軍發生激戰。

112　閻錫山故居所藏第二戰區史料 **第二戰區抗戰大事記**（1941-1943）
Historical Documents of the Second Theater in the Yan Hsi-shan's Residence
The Daily Records of the Second Theater in the Second Sino-Japanese War, 1941-1943

## 5月11日

### 二戰區

汾南各地集敵三千餘，嚴密封鎖沿汾河各渡口。

### 國內

豫南我軍克復羅山。

敵軍侵佔騰衝。

### 國際

德軍在頓內次河集中二百萬大軍發動攻勢。

## 5月12日

### 二戰區

稷山敵一萬向下王尹、三交村、北池村竄犯，與我暫四四師激戰。

### 國內

浙蕭山南犯敵與我對戰中。

### 國際

刻赤半島蘇、德激戰。

## 5月13日

### 二戰區

竄侵下王尹之敵，續向東西榆村、南辛村進犯，我暫四四師第一、第二兩團，沉著應戰。

### 國內

浙敵集中兵力五萬餘，企圖佔領金、衢，開始自奉化、上虞、紹興、蕭山、富陽等處大舉南犯。

敵機十九架轟炸金華。

國際

英軍沿更的宛河向印撤退。

## 5 月 14 日

二戰區

我策應部隊挺進至稷山南之丁莊、修善攻敵側背。

我軍轉進至臥龍莊、東西王、史家岩等地佈防。

國內

汪逆在長春與板垣會晤。

國際

緬境華軍在日軍後防突擊。

## 5 月 15 日

二戰區

敵通告汾南我軍於十六日前撤至汾河北岸，我嚴詞拒絕，四五師並南渡作戰。

國內

敵機十九架轟炸金華城郊。

國際

黑海德軍佔領刻赤港。

## 5 月 16 日

二戰區

汾南各據點敵續增至五千餘。

龍莊等處我軍形成包圍，我以史家岩為根據，與敵激戰終日。

114　閻錫山故居所藏第二戰區史料 **第二戰區抗戰大事記**（1941-1943）
Historical Documents of the Second Theater in the Yan Hsi-shan's Residence
The Daily Records of the Second Theater in the Second Sino-Japanese War, 1941-1943

**國內**

　　東路敵五千餘由上虞、紹興侵入嵊縣，繼南犯陷東陽。

　　中路敵七千餘沿浙贛路南犯諸暨。

　　西路敵五千餘沿富春江犯新登。

**國際**

　　卡爾科夫蘇、德發生大戰。

## 5月17日

**二戰區**

　　稷王山北敵由莊里五條道分路向我大德莊駐軍暫四五師二團進犯，一部並向曲村堡里之六縱隊進犯。

**國內**

　　奉化敵侵入新昌，紹興、蕭山南犯敵侵入諸暨，西路敵侵入新登。

**國際**

　　法總理賴伐爾抵巴黎。

　　蘇境德軍開始第二次夏季攻勢。

## 5月18日

**二戰區**

　　大德莊敵續向南北紅村進犯，我軍轉至牛莊，汾城敵分四路進駐沿山各口。

**國內**

　　浙西路敵續陷桐廬。

　　國防最高委員會決議定本年六月十四日為國際日。

國際

　　史梅丹寧任蘇駐日大使。

## 5 月 19 日

二戰區

　　敵機四架飛吉縣投彈十二枚，汾南南北紅村敵向劉和村進擾，我暫四三師向黑峯山、柳林莊之敵猛攻。

國內

　　敵機二十四架炸義烏。

國際

　　緬景東附近華軍與日軍繼續激戰。

## 5 月 20 日

二戰區

　　河津、稷山、新絳敵分三路向我進犯，我軍在東西廟坡至范家莊之線與敵奮戰。

　　敵酋岡村寧次偕岩松義雄由太原赴長治、晉城一帶視察。

國內

　　由諸暨及■■南犯敵分竄牌頭鎮、橫山寺等地。

　　浙敵三千餘陷浦江城。

## 5 月 21 日

二戰區

　　稷山敵在三界莊與我軍激戰，被擊退後復增援向張開進犯。

116　閻錫山故居所藏第二戰區史料 **第二戰區抗戰大事記**（1941-1943）
Historical Documents of the Second Theater in the Yan Hsi-shan's Residence
The Daily Records of the Second Theater in the Second Sino-Japanese War, 1941-1943

暫四三師向安、猗、臨、榮敵後轉進。

國內

浙敵侵入東陽、義烏，建德城郊亦在激戰中。

國際

卡爾科夫方面戰況愈烈。

## 5月22日

二戰區

敵向黃花峪口各村竄犯，我軍迎戰將敵擊退刑家莊。

聞喜敵向我上張店陳地猛攻，我與敵反復肉搏，卒
將敵擊退。

國內

竄義烏敵佔孝順鎮。

敵萬餘侵入永康城。

## 5月23日

二戰區

洪洞敵四百餘先後竄安澤古縣鎮一帶。

國內

浙敵增至十萬，經東陽、義烏、浦江各路向我金華
猛撲。

## 5月24日

二戰區

由長治、潞城出犯敵攻佔黎城，續向東陽關進犯。

河津通化鎮、萬泉賈村廟敵會犯榮河東蘇村，與游

四縱隊作戰。

國內

永康敵進至摩訶，義烏敵侵至幓下朱，金華四郊展開激戰。

## 5 月 25 日

二戰區

三四軍高團在孤山南楊莊、羊道村，與高村廟敵激戰。

國內

我戴軍與敵在金華四郊血戰。

國際

美重轟炸機飛襲仰光。

## 5 月 26 日

二戰區

平遙香樂鎮、白石村等處集敵千餘，企圖阻我運糧。

國內

敵機三十架炸蘭溪、二十架炸金華。

政院令鄒尚友為駐土公使，張彭春調駐智利公使。

國際

日軍侵入景東。

英、蘇簽訂戰時同盟及戰後合作互助條約。

118 閻錫山故居所藏第二戰區史料 **第二戰區抗戰大事記**（1941-1943）
Historical Documents of the Second Theater in the Yan Hsi-shan's Residence
The Daily Records of the Second Theater in the Second Sino-Japanese War, 1941-1943

## 5月27日

二戰區

　　敵在聞喜五龍廟、新絳天地廟、榮河高村廟等處修築倉庫，準備收藏我汾南麥子，每石發給偽鈔五十元。

　　暫四五師楊團在臨晉大嶷山與敵激戰。

國內

　　武義敵西犯，侵入龍游。

　　步砲敵六千圍攻金華，我七九師與之白刃衝殺，死傷均慘重。

　　浙西壽昌戰爭亦激烈進行。

國際

　　蘇軍在卡爾科夫發動大規模新攻勢。

## 5月28日

二戰區

　　敵向我發動第三次攻勢，在稷王山、孤峯山以南地帶展開激戰。

　　汾陽敵酋開會，擬四路向我進犯。

國內

　　我軍撤出金華城及蘭溪城。

## 5月29日

二戰區

　　趙城、許村、好義敵向曹家莊我軍進犯，被六八師二〇三團擊退。

國內

敵機九架轟炸衢縣。

國際

蘇擊毀德機九十四架。

## 5 月 30 日

二戰區

襄陵附近各據點敵分三路向石瓦莊、南北家村、高莊、前後郭家莊、南北朝峯一帶進犯，經我暫卅七師、暫卅八師、第七二師分路截擊。

國內

浙西敵分三路侵入壽昌城。

蔣委員長應美陸部請對美軍民廣播，謂敵已陷入泥淖，欲求勝利，盟國應以武器供我。

國際

英機轟炸巴黎西北近郊。

英機千餘架轟炸科隆。

## 5 月 31 日

二戰區

我軍克復襄陵及軍陵。

萬泉西高村廟及通受出犯敵，向駐徐村我游擊十二支隊進犯，激戰甚烈。

國內

南昌敵三千餘經蓮塘向三江口進犯。

東北四省抗敵協會在渝成立。

閻錫山故居所藏第二戰區史料 **第二戰區抗戰大事記**（1941-1943）
Historical Documents of the Second Theater in the Yan Hsi-shan's Residence
The Daily Records of the Second Theater in the Second Sino-Japanese War, 1941-1943

## 6月1日

### 二戰區

敵一度侵入牛王廟，經我猛烈反擊，敵不支東竄。

### 國內

浙我軍克復永康、壽昌。

涉縣敵二千餘西侵莊溝，將十八集團軍兵工廠焚毀。

### 國際

英轟炸機千架再襲挨森工業區。

## 6月2日

### 二戰區

卅四軍軍長王乾元在稷王山西南之南文村，與敵激戰，右腿受傷，參謀處長侯俊被俘。

### 國內

中美租借協定簽字。

浙我續克湯陰城。

南昌敵陷進賢。

## 6月3日

### 二戰區

我軍分別進襲汾城境高莊、南西城、盤道村、侯村等據點，將盤道村、侯村克復。

### 國內

浙衢縣東北及東南展開大戰。

敵機二十七架轟炸玉山、吉安、樟樹等地。

國際

英機猛襲不來梅。

日機進襲阿拉斯加之荷蘭港。

## 6月4日

二戰區

暫三七師史師長親率砲兵營進至黃土坡向敵轟擊。

國內

撫河區敵我在虎頭峯、大臣嶺、大江口搏戰。

國際

中途島日美展開海空戰，美航艦約克敦號沉沒，日方被擊沉航艦一、戰艦二。

## 6月5日

二戰區

據守高莊之敵由蘇村增援，與我軍發生巷戰。

國內

贛敵侵入臨川城。

國際

利比亞英軍開始反攻。

## 6月6日

二戰區

敵機四架轟炸克難坡，投彈二十餘枚，並分批轟炸祖師廟、盤道、高莊等地。

122 | 閻錫山故居所藏第二戰區史料 **第二戰區抗戰大事記**（1941-1943）
Historical Documents of the Second Theater in the Yan Hsi-shan's Residence
The Daily Records of the Second Theater in the Second Sino-Japanese War, 1941-1943

**國內**

衢縣飛機場陷入敵手。

**國際**

墨西哥共和國正式加入同盟國。

## 6月7日

**二戰區**

汾城境我暫三十八師退出盤道、高莊。

**國內**

敵機三十四架分批竄擾滇境。

## 6月8日

**二戰區**

敵犯鄉寧華林廟，我十九軍暫卅七師三團第八連連
長彭永祥等廿四人以活炸彈精神與敵俱亡。

敵向石門峪、馬壁峪猛犯。

**國內**

贛敵侵入東鄉，敵機轟炸衡陽、上饒等地。

**國際**

日軍在阿留申群島登陸，佔領吉斯卡與阿圖島。

## 6月9日

**二戰區**

黃崖敵向景村進犯，與暫三八師第二團發生戰爭。

黃土坡、石門峪敵進佔我新絳縣府根據地張家莊。

游六縱隊南渡作戰，在史家岩與敵血戰，參謀長以

下七十餘名受傷被俘，我軍向聞喜黨家莊轉進。中校參
謀謝成德殉職。

國內

我軍撤出衢縣城。

浙敵侵入常山城，向江山猛犯。

國際

德空軍猛炸塞巴斯托波爾。

## 6 月 10 日

二戰區

河津、稷山敵向黃花峪口進犯，我暫五十師第三團
第二營營長李如意率部與敵肉搏，終以彈盡援絕，營長
以下官士兵一一八名盡數殉國。

我軍收復張家莊，敵向新絳退去。

國內

浙我軍將浦江、義烏二城克復。

贛敵侵入宜黃，向南雲進犯，侵入金溪。

## 6 月 11 日

二戰區

石門峪敵侵入我新絳縣府所在地張家莊。

汾南游擊六縱隊在史家岩與敵血戰，我因傷亡慘
重，向聞喜黨家莊轉進。

國內

贛我軍猛攻安義城。

常山敵於飛機掩護下侵入江山城。

124 閻錫山故居所藏第二戰區史料 **第二戰區抗戰大事記**（1941-1943）
Historical Documents of the Second Theater in the Yan Hsi-shan's Residence
The Daily Records of the Second Theater in the Second Sino-Japanese War, 1941-1943

豫北敵五千餘侵入林縣城。

國際

美、蘇簽訂租借協約。

羅卓英抵新德里。

# 6月12日

二戰區

聞喜及東鎮敵，向游六縱隊駐地包圍，在溝渠頭村展開巷戰，黃昏後我軍始突圍轉進。

國內

豫北敵將新五軍暫三師圍困於林縣北之任村、姚村。

浙贛路敵侵入南城、玉山二城。

# 6月13日

二戰區

汾南我暫四三師化整為零，暫四五師及游擊六縱隊奉令北渡。

國內

敵機十五架在上饒投彈。

贛廣豐城血戰。

# 6月14日

二戰區

襄陵增敵五百餘猛撲鄉寧景村峪口，我據峪口兩側高地痛擊。

國內

四十軍卅九師向林北敵反攻，援救暫三師。

國際

全世界自由區域一致慶祝聯合國日。

## 6 月 15 日

二戰區

河津南午芹集敵向東西閣家洞猛犯，經我軍擊退。

國內

贛敵由鄧家埠東犯陷我鷹潭。

我軍撤出三戰區司令部所在地之上饒城，與敵隔河而戰。

國際

日機轟炸達爾文。

## 6 月 16 日

二戰區

敵在汾南每村派情報員一名，偵察我徵糧部隊情況。

國內

太行區暫三師突圍，師長劉月亭被敵俘虜。

鷹潭敵陷我貴溪。

鄂南我軍克復郝穴。

## 6 月 17 日

二戰區

河津、萬泉敵分七路向我暫四五師駐地薛里村包

126 | 閻錫山故居所藏第二戰區史料 **第二戰區抗戰大事記**（1941-1943）
Historical Documents of the Second Theater in the Yan Hsi-shan's Residence
The Daily Records of the Second Theater in the Second Sino-Japanese War, 1941-1943

圍，我軍往返衝殺，王師長鳳山受傷殉國。

國內

林縣四十軍向敵反攻。

國際

英、美空軍在地中海沉傷義艦七艘。


# 6月18日

二戰區

敵酋岩松召集平遙、文水等縣指揮官開會商討屯集麥子，阻止人民供我食糧辦法。

國內

林縣敵增至七千餘侵佔合澗、原康、石家莊等地。

國際

荷蘭女皇抵渥太華。

多布魯克被圍。


# 6月19日

國內

粵我軍抵琶江南岸縱橫掃蕩。

贛我軍猛攻南城。

太行區南北寨敵向臨淇一帶進犯。

國際

邱吉爾二次聯美與羅氏舉行會談。

# 6 月 20 日

二戰區

敵三十六師團由長治、高平、晉城等處會犯陵川。

華北敵酋岡村寧次偕岩松飛長治。

國內

林縣四十軍向敵反攻，佔領石家莊南北各山。另敵千餘向新五軍駐地臨淇進犯。

國際

羅、邱與軍事要員祕密舉行會談，討論太平洋局勢。

# 6 月 21 日

二戰區

壺關敵千餘向店上村進犯，我預八師與激戰澈夜，敵竄浮山之敵千餘回竄臨縣。

晉東南我二七軍退出陵川城，向敵後轉進。

國內

浙浦江又陷敵手。

國際

多布魯克及巴第亞港被德、義軍攻陷。

# 6 月 22 日

二戰區

襄陵聯合敵分路向西陽村、薛村一帶進犯，與我暫卅八師激戰。

國內

贛廣豐東南杉溪、五都均入我手，殲敵甚眾。

128 | 閻錫山故居所藏第二戰區史料 **第二戰區抗戰大事記**（1941-1943）
Historical Documents of the Second Theater in the Yan Hsi-shan's Residence
The Daily Records of the Second Theater in the Second Sino-Japanese War, 1941-1943

國際

宋外長與羅、邱會談。

# 6月23日

二戰區

稷山敵分竄路村、邢家莊堡，向寧翟、陽平挺進，被六六師擊退。

壺關敵千餘向店上村進犯，被我預八師迎頭痛擊。

國內

贛南城、臨川陷入敵手。

貴溪城被我攻克。

我空軍突襲漢口，向沿江敵艦停泊處集中投彈。

贛東激戰，敵陷餘干城。

豫北我軍克復林縣城。

贛東我軍克復貴溪，敵侵入餘江城。

國際

卡爾科夫方面蘇軍後撤轉移新陣地。

# 6月24日

二戰區

由輝縣北犯敵進至大河口附近，向陵川進擾。

國內

太行區四十一軍將敵包圍於寨上溝。

浙敵侵入麗水。

國際

德軍進犯埃邊，與英第八軍激戰。

## 6月25日
### 二戰區
騎四師在汾陽羅城鎮附近掩護徵糧，被敵分路合圍，十一團三營營長劉成華堅守康寧堡，壯烈犧牲。
### 國內
南城以南之敵被我擊潰。

貴溪復陷敵手。
### 國際
美艾森豪威爾少將任歐洲戰場總司令。

## 6月26日
### 二戰區
稷山李老莊、泉掌等處敵，向清水峪、小峪各山口進犯，經七三師沿途阻擊。
### 國內
太行區廿七軍軍部及陳、胡兩師在佛山、柳泉、黃松背、馬圈之線，被敵包圍，我軍浴血苦戰，向外衝殺。
### 國際
邱吉爾安返英倫。

## 6月27日
### 二戰區
昨日稷山泉掌敵挾民車二百餘輛分犯清水峪、馬壁峪一帶山口，我軍堅強阻擊，到處酣戰。

鍾有德師長遺誤戎機，羞愧自裁。

130    閻錫山故居所藏第二戰區史料 **第二戰區抗戰大事記**（1941-1943）
Historical Documents of the Second Theater in the Yan Hsi-shan's Residence
The Daily Records of the Second Theater in the Second Sino-Japanese War, 1941-1943

**國內**

贛北侵入鄱陽城敵分兩路向浮梁、萬年進犯。

**國際**

埃及大戰開始，義軍東進。

英轟炸機晝夜襲法國西北部。

## 6月28日

**二戰區**

洪洞、萬安敵向高公村我掩護徵糧之暫四十師進攻，激戰至五時，敵不支退回。

**國際**

蘇境德軍進攻庫爾斯克。

## 6月29日

**二戰區**

汾南各據點敵，積極加強工事、修築汽路、清查戶口，並組織自衛隊。

**國內**

贛敵侵入弋陽。

鄂東敵侵入廣濟。

侵入廣濟敵續陷黃梅。

**國際**

梅爾薩馬特魯城英軍撤守。

# 6月30日

二戰區

　　襄陵敵三路會犯石瓦莊，我卅八師轉移陣地，在南莊、高莊與敵激戰。

國內

　　敵機飛常德轟炸。

　　贛敵侵入崇化城。

國際

　　埃境德軍越過艾爾達巴。

132 | 閻錫山故居所藏第二戰區史料 **第二戰區抗戰大事記**（1941-1943）
Historical Documents of the Second Theater in the Yan Hsi-shan's Residence
The Daily Records of the Second Theater in the Second Sino-Japanese War, 1941-1943

## 7月1日

### 二戰區

侵濟宣東北境敵二千餘猛犯牛王廟，我軍轉入孔南山披險阻擊。

華北敵開始第五次強化治安運動。

### 國內

盟機襲武漢南湖敵機場，敵機五十餘架中彈起火。

贛敵陷橫峰城。

### 國際

克里米亞半島德軍攻入塞巴斯托波爾港。

## 7月2日

### 二戰區

犯小峪敵復侵至前後轉曲，與我七二師展開爭奪戰，經六六師、暫四四師、暫五〇師策應襲擊，敵始向山下退去。

### 國內

太行區敵與我四十軍在原康以東柳三溝、火燒屯、孤山源一帶激戰。

## 7月3日

### 二戰區

佛耳崖敵向我東西車莊、石臼反撲，經我軍狙擊激戰，敵回竄桃花洞。

### 國內

林縣境內敵向西潰退。

國際

蘇軍撤離塞港。

# 7月4日
二戰區

首腦部舉行大會追悼華靈廟廿四壯士，閻長官親臨主祭並致哀詞。

國內

盟機襲廣州白雲山機場。

美志願隊改組為美駐華空軍第二十三驅逐隊。

國際

艾爾阿拉敏區域軸心軍被迫撤退。

德軍攻入比爾哥羅得。

# 7月5日
二戰區

敵為阻截我在汾、平、介各縣徵糧，開始在各據點增兵。

國內

贛崇仁西北敵向江北猛犯，在豐城樟樹腦與我激戰。

國際

新幾內亞盟機日夜轟炸雷區。

# 7月6日
國內

鄂我軍克復黃梅、廣濟。

134 | 閻錫山故居所藏第二戰區史料 **第二戰區抗戰大事記**（1941-1943）
Historical Documents of the Second Theater in the Yan Hsi-shan's Residence
The Daily Records of the Second Theater in the Second Sino-Japanese War, 1941-1943

國際

德、蘇在佛羅內茲以西激戰。

# 7月7日

二戰區

閻司令長官於抗建第五週年紀念發表告全戰區軍政民各級同志書。

興集各界舉行大會，紀念抗戰五週年並追悼陣亡將士。

新絳敵七、八百分增城北各據點。

國內

蔣委長於抗戰第五週年紀念對全國軍民廣播致詞。

贛我克復宜黃。

浙麗水敵萬餘分兩股南犯。

國際

德軍佔領佛羅內茲。

# 7月8日

二戰區

平（遙）汾（陽）鐵路線各處敵迫令百姓將沿線兩側四百公尺內田禾一律毀除，防我襲擊。

新絳敵竄小聶村搶糧，經我二一九團回擊，敵死傷慘重。

國內

贛崇仁、臨川向西進犯，經我痛擊，遺屍遍野。

國際

　　土總理慶丹逝世。


# 7 月 9 日

二戰區

　　興集各界召開公祭陣亡殊勳將士大會。

　　汾、平、介等縣集結敵六千餘，介休敵一部深夜向孝義城東北張家莊我騎二師四團進犯。

國內

　　贛東我軍克復南城。

　　浙麗水敵陷青田城。

國際

　　英軍佔領法屬馬約特島（馬達加斯加西北）。

　　土外長薩拉蘇格魯奉令組新閣。


# 7 月 10 日

二戰區

　　離石近由敵國移來人民五、六百，分駐城近各村。

　　汾陽、介休間集敵八千餘，汽車、坦克車百餘，兩頭與我在中街村、張家莊、淨化村等處激戰中。

　　我軍將陵川城攻克。

國內

　　浙溫州灣以南瑞安附近敵強行登陸，戰鬥正烈。

　　盟機迎擊鄂蘭溪、黃州、鄂城。

國際

　　蘇、荷外交關係之協定簽字。

136　閻錫山故居所藏第二戰區史料 **第二戰區抗戰大事記**（1941-1943）
Historical Documents of the Second Theater in the Yan Hsi-shan's Residence
The Daily Records of the Second Theater in the Second Sino-Japanese War, 1941-1943

蘇軍放棄羅索希。

尼赫魯談英應承認印度獨立。

# 7月11日

## 二戰區

張蘭鎮敵向騎一師一團、騎四師十團所佔據之淨化村（平遙城西）包圍，經決戰後，騎一師師長趙瑞、騎四師師長楊誠被俘降敵。

介休、汾陽敵集中全力向孝義城東中街進犯，我騎二師四、五、六各團英勇奮戰，冒雨反攻，傷亡團長以下校官六員，始向後轉進。

## 國內

浙溫州城被敵侵陷。

## 國際

英機襲但澤市。

美總統簽署海軍造艦案。

# 7月12日

## 二戰區

稷山北刑家莊堡敵六百餘向車順溝、琵琶嶺一帶進犯，經我六六師第三團擊退。

## 國內

浙敵侵陷瑞安。

## 國際

英空軍猛襲多布克魯。

德軍三路進攻蘇聯南部，蘇軍放棄康頓米羅夫。

## 7 月 13 日

### 二戰區

同蒲路敵軍運甚忙，南開者多兵車，北開多載食糧。

汾陽田屯司馬鎮敵增千餘，砲四、五十門，空軍一隊，有進犯孝義模樣。

暫四三師一團，由汾南北渡，在稷山劉和村與敵血戰，二營營長詹明當場戰亡。

### 國內

贛廣豐、上饒進犯之敵被我擊退。

浙我克復青田城。

### 國際

加拿大軍開抵埃及。

埃及沿海一線英軍粉碎德方新攻勢。

## 7 月 14 日

### 二戰區

垣曲敵將垣濟及垣聞永公路擴至六文，正集民夫趕修，永芮敵積極統制食糧，捕我公務人員。

孝義城東東西大王村、南橋頭等處敵沿文峪河東岸趕築工事。

### 國內

浙新昌城與嵊縣被敵侵陷。

### 國際

甘地發表談話，籲請英國撤銷其在印度之政治勢力。

138 | 閻錫山故居所藏第二戰區史料 **第二戰區抗戰大事記**（1941-1943）
Historical Documents of the Second Theater in the Yan Hsi-shan's Residence
The Daily Records of the Second Theater in the Second Sino-Japanese War, 1941-1943

## 7月15日

### 二戰區

汾陽敵三千餘沿汾離公路西開。

河、稷敵四出搶運食糧。

### 國內

豫我軍再向賢山猛擊。

### 國際

印國大常委會通過組織臨時政府，呼籲獨立。

## 7月16日

### 二戰區

暫三七師一團三連在汾陽城關村，伏擊開古城敵。

### 國內

我神勇空軍襲擊漢口。

贛東我克復金、谿。

### 國際

英國會舉行祕密會議，討論航運問題。

## 7月17日

### 二戰區

晉東南廿七軍收復陵川城，敵退劉家宅前後郭家川
一帶。

### 國內

浙我克復溫州、瑞安二城。

### 國際

蘇境德軍分三路向斯達林格勒外圍開始進攻。

## 7 月 18 日

### 二戰區

洪、趙敵在汾河兩岸各村積極徵麥，我正襲擊中。

暫四十師攻擊洪洞西北敵，阻其運送食糧回城，午後敵侵入南北段村。

### 國內

贛我軍將橫峯城克復。

盟國轟炸機飛襲廣州日機場。

溫州城復陷敵手。

### 國際

德軍繞過伏羅希洛夫格勒向東南進攻。

## 7 月 19 日

### 二戰區

垣、絳、聞、安、運等縣抽敵四千餘，分路向橫皋大道以西地區進犯，現與我對戰中。

### 國內

贛克復弋陽，敵向貴溪潰竄。

盟機炸臨川日陸軍司令部。

浙西我克建德城，敵潰退蘭溪。

### 國際

埃及德軍增援前線。

## 7 月 20 日

### 二戰區

竄孝義城東各據點敵大部分向汾陽、介休竄去。

140 | 閻錫山故居所藏第二戰區史料 **第二戰區抗戰大事記**（1941-1943）
Historical Documents of the Second Theater in the Yan Hsi-shan's Residence
The Daily Records of the Second Theater in the Second Sino-Japanese War, 1941-1943

佔領洪洞馬牧南北段村公孫堡敵，與我四十師展開爭奪戰。

**國內**

美機轟炸九江火車站。

居里抵渝調查我國戰時經濟。

**國際**

埃及英機轟炸佛卡附近。

墨索里尼由利比亞返義。

# 7月21日

**二戰區**

新河公路各據點敵四出搶糧，向我沿山各村砲擊。

首腦部慰勞團出發宣慰榮譽傷兵。

# 7月22日

**二戰區**

敵由太原向臨汾移民二千餘。

我軍佔領馬牧南北段村，敵退辛莊、李家莊。

**國際**

太平洋作戰會議討論加強中國作戰努力之戰略與程序。

埃及各路戰鬥撤退。

# 7月23日

**二戰區**

土門敵向西莊進犯，與我二一六團激戰甚烈。

晉南敵四千餘分路進犯橫嶺關、皋落鎮，大道以西地區刻激戰中。

六一軍自汾東西渡，在襄陵各渡口與敵激戰。

**國內**

鄂鍾祥方面敵向大洪山麓進犯。

**國際**

蘇軍由諾佛爾卡斯克撤退。

# 7 月 24 日

**二戰區**

平陸敵強抓五家至十六家兒童送往平津及東北各地。

稷山敵犯西嶺小峪，經七三師阻擊退回。

暫四十師收復趙城僑牧、洪洞公孫堡兩據點。

**國內**

贛我一度攻入鷹潭市內。

**國際**

李海正式就任美國參謀總長。

德軍佔領羅斯多夫。

# 7 月 25 日

**二戰區**

永濟城東南永樂附近增敵千餘，企圖封鎖沿河渡口，以防我軍北渡。

土門、原上敵分路向我徵糧部隊進襲，被我擊退。

**國內**

犯大洪山麓各路敵被我擊退。

142 | 閻錫山故居所藏第二戰區史料 **第二戰區抗戰大事記**（1941-1943）
Historical Documents of the Second Theater in the Yan Hsi-shan's Residence
The Daily Records of the Second Theater in the Second Sino-Japanese War, 1941-1943

國際

英空軍猛襲魯爾區杜伊斯堡。

布里安斯克德坦克隊已在兩處渡過頓河，前線蘇軍
猛烈進攻。

# 7月26日
二戰區

七二師在臨汾西南小渝村伏擊換防敵人。

國內

贛我猛攻貴溪。

浙我軍向江山進擊。

國際

英機猛炸德國漢堡。

# 7月27日
二戰區

我軍一部潛入夏縣城內，斃傷敵卅餘。

國內

鄂襄河鍾祥方面敵千五、六百名被我擊退，敵死傷
三百餘名。

# 7月28日
二戰區

暫四十師狙擊隊擊退由洪洞辛莊侵東漫底敵。

國內

浙由溫州進犯敵陷青田。

國際

　　德軍沿公路向斯城推進。

## 7 月 29 日
二戰區

　　暫四一師在汾陽西菽禾村與敵發生遭遇戰。

國內

　　浙我軍反擊，克復青田城。

國際

　　解決印度問題，薩伯魯提出七項建議。

　　德軍進攻斯城。

## 7 月 30 日
國內

　　我駐智利公使張彭春向智利國總統李榮思呈遞國書。

國際

　　德軍進至距斯城十英里之克勒斯喀雅區。

## 7 月 31 日
國內

　　敵機侵衡陽被美機擊落九架。

國際

　　南斯拉夫國王彼得由美抵英。

144 | 閻錫山故居所藏第二戰區史料 **第二戰區抗戰大事記**（1941-1943）
Historical Documents of the Second Theater in the Yan Hsi-shan's Residence
The Daily Records of the Second Theater in the Second Sino-Japanese War, 1941-1943

## 8月1日

### 國內

浙龍游南犯敵侵陷遂昌城。

工程師年會在蘭開幕。

### 國際

德軍在貝台斯克以南及東南突破蘇軍防線。

## 8月2日

### 二戰區

汾南反正部隊在稷山大德莊與敵激戰。

### 國內

由遂昌進犯之敵侵入松陽城。

## 8月3日

### 二戰區

暫四十師一部分襲趙城西好義之敵，將該村佔領，並擊毀碉堡，俘敵偽二十一名。

### 國內

浙我軍克復遂昌城。

我軍圍攻臨川，美機協助轟炸。

## 8月4日

### 二戰區

新河公路沿線及河津以北各據點，敵積極修築工事及道路。

國內

美機進襲漢口，敵船隻、貨棧皆告命中。

國際

德軍在冰島周圍發動戰事。

## 8 月 5 日

二戰區

夏縣敵徵民夫修飛機場。

卅四軍狙擊隊在新絳南張村與敵激戰。

國內

桂林空戰，自粵來襲之十六架敵機中，被美機擊落數架。

贛臨川城附近我軍攻克數據點，斃傷敵五百餘。

國際

美陸軍航空司令白勒特飛抵莫斯科。

## 8 月 6 日

二戰區

汾城南朝康敵出外搶糧，被我狙擊隊擊退。

國際

甘地、尼赫魯等抵孟買，甘地將英人離印提案發表後，全美震動。

## 8 月 7 日

二戰區

汾城盤道敵竄西安平，被我游擊小組擊退。

146　閻錫山故居所藏第二戰區史料 **第二戰區抗戰大事記**（1941-1943）
Historical Documents of the Second Theater in the Yan Hsi-shan's Residence
The Daily Records of the Second Theater in the Second Sino-Japanese War, 1941-1943

### 國內

青田再陷敵手。

### 國際

蘇軍三度反攻失敗後，乃向貝拉集格林那以南撤退。

美軍向所羅門群島進攻。

## 8月8日

### 二戰區

興集各界舉行中街、淨化等戰役不做俘虜自殺烈士及陣亡將士追悼大會。

七十一師二〇八團在汾西城南徵糧被敵包圍，激戰竟日，我傷亡營排長數員。

### 國內

贛我軍連日猛攻臨川，激戰仍烈。

浙山敵增援南犯。

### 國際

國民大會全印代表大會通過英國撤離印度案。

## 8月9日

### 二戰區

敵近由太原運到臨汾毒瓦斯千餘箱，並陸續移到敵國僑民千餘。

### 國內

江山以南我克仙霞嶺。

### 國際

阿馬維爾區域蘇軍繼續撤退。

印政府下令禁止國民大會一切活動，甘地及其他常
委均已被捕，孟買民警衝突，互有死傷。

## 8 月 10 日

二戰區

敵機在馬壁峪一帶偵察。

國內

美機猛炸漢口。

國際

美軍在所羅門瓜達康納爾島登陸。

## 8 月 11 日

二戰區

第六區保安二團四連連長趙慶雲率部二十三名在臨
汾段村被敵包圍，全部殉難。

國內

美機轟炸南昌敵軍事設施。

國際

孟買市示威運動三日來共死廿八人，北部各地形勢
亦惡化。

## 8 月 12 日

二戰區

暫四十三師在趙城好義將李村搶修渡口敵擊退。

國內

蔣委員長接見捷公使明諾夫斯基。

148 | 閻錫山故居所藏第二戰區史料 **第二戰區抗戰大事記**（1941-1943）
Historical Documents of the Second Theater in the Yan Hsi-shan's Residence
The Daily Records of the Second Theater in the Second Sino-Japanese War, 1941-1943

國際

地中海發生運輸戰。

邱吉爾與哈里曼抵蘇京。

## 8月13日

二戰區

敵三十六師團二二四聯隊一部八百餘、山野砲五門，帶民夫百餘，由長子、高平開往安澤一帶。

第六縱隊在運城南霍家溝與修路敵偽發生遭遇戰。

國際

史、邱開始會議，參加人員有莫洛托夫、伏羅希洛夫、哈里曼、魏菲爾等。

## 8月14日

二戰區

敵華北軍參謀長安達偕第一軍參謀長花谷由太原飛臨汾、運城視察。

國內

臨川敵增援反撲，西南郊展開激戰。

國際

加爾各大省七處發生大暴動。

## 8月15日

二戰區

汾西敵積極徵民夫修飛機場及汽車站，我正擊擾中。

**國內**

我軍收復溫州。

**國際**

德軍向黑海沿岸之三路進攻已然受阻。

# 8 月 16 日

**國際**

蘇軍退出邁科普油田區，德軍已逼近格羅斯尼油田。

邱吉爾離蘇。

# 8 月 17 日

**國際**

美海軍突襲梅金島。

# 8 月 18 日

**二戰區**

河津保安一大隊，在南午芹附近狙擊向固鎮竄擾之敵。

**國際**

德軍強渡頓河，突入斯城北郊。

亞歷山大任英中東軍總司令。

# 8 月 19 日

**國內**

贛東我三二師佔領楓林頭，四一師收復上饒城，向玉山追擊。一零八師亦佔領貴溪，向鷹潭前進。

150　閻錫山故居所藏第二戰區史料 **第二戰區抗戰大事記**（1941-1943）
Historical Documents of the Second Theater in the Yan Hsi-shan's Residence
The Daily Records of the Second Theater in the Second Sino-Japanese War, 1941-1943

國際

英軍在法海岸第厄普區登陸突擊。

## 8月20日

二戰區

稷山李老莊敵開會演劇，被我砲擊退回稷山城。

國內

贛東預二師收復廣豐，敵向江山退去。

國際

德軍向諾佛羅西斯克進迫。

## 8月21日

二戰區

洪、趙敵西渡汾河，會同萬安、土門敵在飛機、大砲掩護下分路向暫四十師陣地鄭家寨、東西梁進犯。

國內

二六軍四一師續克玉山城，七五師攻入鷹潭，向鄭家埠進擊。

國際

巴西對德、義宣戰。

## 8月22日

二戰區

暫四十師退出三教澗西韓家莊，向神靈廟後移。

國內

我卅二集團軍收復餘江、餘干。

國際

　　邱吉爾在開羅招待記者。

## 8 月 23 日

二戰區

　　三教、石家莊敵向東西圈頭進攻，我軍退垣上，午後向青龍山南頂、北頂反攻。

國內

　　浙、贛我軍收復臨川、江山、常山三城。

國際

　　日強大艦隊向所羅門群島進攻。

## 8 月 24 日

二戰區

　　敵向北頂反攻被我擊退。

國內

　　贛東我軍恢復原態勢。

國際

　　英發表設伊朗伊拉克指揮部，威爾遜任總司令官。

　　邱吉爾遍歷中東各地返英。

　　汎美軍事代表舉行軍事會議。

## 8 月 25 日

二戰區

　　垣上、西圈頭敵退回石家莊，各路敵開始放火焚燒。

152 閻錫山故居所藏第二戰區史料 **第二戰區抗戰大事記**（1941-1943）
Historical Documents of the Second Theater in the Yan Hsi-shan's Residence
The Daily Records of the Second Theater in the Second Sino-Japanese War, 1941-1943

**國內**

贛北收復都昌、蘭溪。

**國際**

斯城居民均已疏散。

## 8月26日

**二戰區**

許元村、鄭家寨敵分路向山底進犯。

**國內**

贛我軍收復東鄉後直薄進賢。

**國際**

德將波克以七五萬大軍分三路向斯城展開爭奪戰。

## 8月27日

**二戰區**

洪、趙西犯敵在張家莊、鄭家寨一帶修築公路碉
堡，搜集民糧。

**國內**

贛境收復進賢，粵境攻克源潭。

**國際**

瓜島日軍被擊退，日方損失甚重。

日軍在新幾內亞東南端之米爾納灣登陸。

## 8月28日

**二戰區**

八四師一部突入聞喜東河底鎮，與敵激戰後撤退

大峪。

**國內**

南昌附近克復蓮塘，浙境收復麗水、遂昌、松陽、宣平。

**國際**

中路蘇軍反攻塞夫，在北郊激戰。

## 8月29日

**二戰區**

暫四十師第一團游擊隊在神靈廟，與石家莊敵對戰一時，我即轉移陣地。

**國內**

衢州完全收復，縉雲亦攻下。

**國際**

彌爾奈灣日軍被迫撤退。

## 8月30日

**二戰區**

稷山縣李老莊敵向張家莊進犯，被我七十三師二一七團伏兵狙擊退回。

**國內**

衢州我軍越過安仁街收復龍游城，分路向金華、壽昌推進。

**國際**

蘇軍在斯城西北阻德攻勢。

154 閻錫山故居所藏第二戰區史料 **第二戰區抗戰大事記**（1941-1943）
Historical Documents of the Second Theater in the Yan Hsi-shan's Residence
The Daily Records of the Second Theater in the Second Sino-Japanese War, 1941-1943

## 8月31日

二戰區

趙城黃村敵三名在張莊搜搶財物，被暫四十師第三團游擊隊捕獲。

國內

浙西收復蘭溪、永康、武義。

國際

隆美爾調北路軍至南路發動新攻勢。

# 9月1日

## 二戰區

第六縱隊在大溝擊退由夏縣進犯之敵。

第七十二師在土門至南社公路，狙擊由土門開赴劉村之敵。

## 國內

向金華進擊部隊抵白龍橋。

政院通過建設甘西水利工程計劃。

## 國際

敵外相東鄉辭職，由東條兼任。

# 9月2日

## 國內

金華敵據城頑抗，美機飛襲鄱陽湖敵運艦。

## 國際

德以強大軍力進攻黑海蘇海軍根據地諾佛羅西斯克。

# 9月3日

## 二戰區

河津清澗村敵向西禹門砲擊。

洪洞西蟄堡敵向東回竄，被我暫四十師第二團在南北段村夾擊，戰三小時，敵不支回竄。

## 國內

駐美大使胡適辭職，由魏道明繼任。

## 國際

美公布西南太平洋戰爭重趨激烈。

156 | 閻錫山故居所藏第二戰區史料 **第二戰區抗戰大事記**（1941-1943）
Historical Documents of the Second Theater in the Yan Hsi-shan's Residence
The Daily Records of the Second Theater in the Second Sino-Japanese War, 1941-1943

# 9月4日

## 二戰區

由中陽竄集三角莊後獅峪一帶敵經我陳震東師痛擊，當晚向王家池、吳城鎮等處竄去。

## 國內

豫北溫、孟敵向黃河北岸我軍進犯。

## 國際

斯城西南蘇軍撤退，此為四日中之第七次撤退。

敵駐蘇大使佐藤飛莫斯科進行外交談話。

# 9月5日

## 二戰區

敵卅六師團參謀長佐野上月下旬分赴晉東南各重要據點視察，今日返回長治。

興集各界召開反欺自省週年紀念會，閻長官致詞謂，要想立國世間，唯有立信不欺。

## 國內

英政府將福州馬限山產業移交我國。

# 9月6日

## 二戰區

暫四十師在洪洞塾堡、辛村分別狙擊敵人。

## 國內

蔣委員長在西安祭奠張季鸞。

## 國際

德方公布攻入諾港。

英空軍轟炸德魯爾區。

## 9 月 7 日
### 二戰區
洪洞敵向楊家莊暫四十師第一團第七連駐地進犯，激戰時許，我軍移曹家莊以西。
### 國內
金華我軍繞道攻擊浦江。
### 國際
羅斯福咨請國會授權總統穩定生活費用，並發表談話激勵全民應付大戰。

## 9 月 8 日
### 二戰區
汾河東敵四百餘、砲四門竄至楊窊莊、干河一帶向我劉師壓迫。

暫四十師游擊隊在趙城西李村將敵徵集之食糧百餘石焚毀。
### 國內
皖克龍山。

## 9 月 9 日
### 二戰區
七十二師二一六團夜襲土門敵人。
### 國內
金、蘭城郊仍在激戰中。

158 閻錫山故居所藏第二戰區史料 **第二戰區抗戰大事記**（1941-1943）
Historical Documents of the Second Theater in the Yan Hsi-shan's Residence
The Daily Records of the Second Theater in the Second Sino-Japanese War, 1941-1943

國際

　　威爾基與土總理會談。


# 9月10日

二戰區

　　垣曲東灘敵向青嵐凹我八四師陣地射擊，被我擊退。

　　離石敵侵入磧口。

國內

　　安義我軍伏擊敵人。

國際

　　英軍在馬達加斯島西部發動總攻。


# 9月11日

二戰區

　　洪、趙西萬安、塾堡等處敵向暫四十師龍張、龍馬
一帶陣地圍攻，經痛擊，當日仍竄原處。

　　七十二師二一六團在臨汾吳村、南台村與敵激戰。

國際

　　英下院討論印度問題，自由黨主張由第三者裁決。


# 9月12日

二戰區

　　暫四十師第三團在趙城西曹家莊伏擊由黃村出擾敵。

國際

　　瓜島日、美兩軍展開陸空戰。

## 9月13日
二戰區

　　犯楊窊庄敵大部向霍縣城西白龍村一帶竄去。

國內

　　我軍再度攻入武義。

國際

　　列城蘇軍二四小時內作兩次之撤退。

## 9月14日
二戰區

　　七十二師二一五團在襄陵北三景村與敵激戰。

國內

　　外部駐新特派員吳澤湘抵迪化就職。

國際

　　瓜島戰爭仍進行之，日機不斷進襲。

## 9月15日
二戰區

　　新絳縣澤掌、古堆敵向小磊村進犯，與我軍激戰數小時。

國內

　　鄂中沙洋附近敵向新河鎮進擾。

## 9月16日
二戰區

　　李老莊敵因被七十三師不斷狙擊，撤回稷山城內。

160　　閻錫山故居所藏第二戰區史料 **第二戰區抗戰大事記**（1941-1943）
Historical Documents of the Second Theater in the Yan Hsi-shan's Residence
The Daily Records of the Second Theater in the Second Sino-Japanese War, 1941-1943

## 9月17日

### 二戰區

八四師二零五團在疆掌東大溝河，將向我進犯之敵擊退。

敵第一一零師團向晉冀察邊區進犯。

### 國內

信陽馮家莊敵被我擊退。

### 國際

威爾基抵古比雪夫。

敵情報局總裁谷正之任外相。

## 9月18日

### 二戰區

汾城古城敵偽向盤道村送糧，被我暫卅七師弟一團，在五里墩擊退。

### 國際

斯城發生市街戰，蘇西伯利亞援軍抵前線。

## 9月19日

### 二戰區

暫四十五師第二團進至稷山縣張開村砲擊刑家堡。

### 國內

金華西面我軍克復古方。

### 國際

馬島英軍進佔安加卓比。

## 9 月 20 日

二戰區

　　趙城萬安、韓侯、黃村等處敵分四路向暫四十師第三團駐地羅雲、下村、樓村、劉家垣、峪里進犯，我軍轉向陳村。

國際

　　蘇、德兩軍在斯城斷垣殘壁中展開爭奪戰。

## 9 月 21 日

二戰區

　　泉掌敵撤入新絳城內。

　　敵軍侵入羅雲後，燒民戶二十餘間。

國內

　　西北工業考團由渝出發考察西北工業資源。

## 9 月 22 日

二戰區

　　進犯暫四十師駐地敵復向東西圈頭、垣上、樓村再度猛攻，各村一度失陷，我軍奮勇反攻。

國內

　　粵境詔安登陸敵被擊退。

國際

　　高加索北部飄雪。

　　敵派平沼等三特使赴寧，與汪逆簽訂密約。

162　闔錫山故居所藏第二戰區史料 **第二戰區抗戰大事記**（1941-1943）
Historical Documents of the Second Theater in the Yan Hsi-shan's Residence
The Daily Records of the Second Theater in the Second Sino-Japanese War, 1941-1943

## 9月23日

二戰區

　　垣上等處敵被迫向萬安撤退。

　　萬泉西窰村、李家莊敵，分兩路向特務第一隊進犯。

國內

　　巢縣敵北向拓皋進犯。

國際

　　南非成立新統帥部。

　　威爾基、史達林作兩小時之會談。

## 9月24日

國內

　　金華敵分犯白沙溪及長山。

國際

　　英軍完全佔有馬島首府安塔那那利佛。

## 9月25日

國內

　　國防最高會通令公務會不得兼營商業。

國際

　　美機襲擊里克塔灣托諾雷港。

## 9月26日

二戰區

　　暫三十七師第三團狙擊隊在汾城境內北范莊與敵
激戰。

國際

敵宣佈對蘇政策不變。

## 9 月 27 日

二戰區

砲廿八團在三官峪口擊退進犯之敵。

國內

美空軍轟炸怒江以西日陣地。

國際

威爾基離莫斯科，啟程來華。

蘇聯承認戰鬥法國。

## 9 月 28 日

二戰區

紀念抗戰烈士之華靈中學在孝義開學。

犯晉冀察邊區敵，侵入阜平境。

國內

皖我軍攻合肥西北之古崗市。

國際

斯城經三十日爭奪戰後，已化為煙塵之海。

全印錫克族會議要求獨立。

## 9 月 29 日

二戰區

七十三師第二一七團在稷山下廉城渡口，與敵激戰。

164 閻錫山故居所藏第二戰區史料 **第二戰區抗戰大事記**（1941-1943）
Historical Documents of the Second Theater in the Yan Hsi-shan's Residence
The Daily Records of the Second Theater in the Second Sino-Japanese War, 1941-1943

**國內**

威爾基自蘇飛抵迪化。

**國際**

提摩盛科部隊到達頓河高加林斯克，企圖自北解救
斯城。

# 9月30日

**二戰區**

絳縣及橫嶺、皋落敵千餘向東西桑池、東西峯山一
帶進犯，企圖掃蕩我游擊隊。

**國內**

我軍克復平漢路南段之禮山。

**國際**

黑海海港圖阿普斯展開爭奪戰。

盟軍在所島佔領諾露，日軍主力退出歐文史丹萊。

## 10 月 1 日

二戰區

　　稷山刑家堡、河津固鎮敵，會向佛峪口外各村進犯，與汾南狙擊隊及六十六師第一九八團激戰。

## 10 月 2 日

二戰區

　　河、稷敵分四路，再犯佛峪口，與一九八團及汾南狙擊隊激戰。

國內

　　威爾基、朱紹良同機抵渝。

## 10 月 3 日

國內

　　威爾基覲見主席，蔣委員長設宴招待，威氏談此行為增進中美邦交。

國際

　　頓河河曲激戰，德將藍齊曼陣亡。

## 10 月 4 日

二戰區

　　新絳泉掌、澤掌敵會犯石門峪，與特務團在王欽村、澗西村激戰。

國內

　　威氏與委員長作三小時之會談。

166
閻錫山故居所藏第二戰區史料 **第二戰區抗戰大事記**（1941-1943）
Historical Documents of the Second Theater in the Yan Hsi-shan's Residence
The Daily Records of the Second Theater in the Second Sino-Japanese War, 1941-1943

國際

史達林答美記者，要求開闢第二戰場。

## 10月5日

國內

威氏參觀四大學，並接見史迪威、胡政之、張伯苓等。

國際

美機轟炸吉斯卡群島，日軍續在瓜島登陸。

## 10月6日

國內

全國兵役會議在渝開幕，海外工作檢討會亦開幕。

國際

高加索德軍開始第二次猛攻。

## 10月7日

二戰區

保安第八團在河津東南莊頭，與掃蕩汾南敵遭遇激戰。

國內

威爾基赴西安。

## 10月8日

二戰區

敵集中兵力由王茅、橫嶺、聞喜、夏縣，向朱家

莊、曲家溝、唐王山、馬家廟等地進犯，我八十四師及第六縱隊在各處與敵激戰。

敵寇在華北開始第五次強化治安運動。

**國內**

贛北我軍向安義突襲。

敵機二十五架轟炸洛陽。

**國際**

伊拉克新閣組成，紐里安賽德繼任總理。


## 10 月 9 日

**二戰區**

垣曲我軍突圍，向東峯山蔡村轉進。

**國內**

威爾基離華返美。

**國際**

斯城西部蘇軍脫圍，進入工廠區陣地，李斯特繼波克總率德在蘇南路軍。


## 10 月 10 日

**二戰區**

我軍分襲曲家溝、朱家莊敵。

**國內**

英、美聲明廢止治外法權。

蔣委員長發表告軍民書，提示我立國精神為忠恕仁愛，建國要道為勤儉篤實。

168 | 閻錫山故居所藏第二戰區史料 **第二戰區抗戰大事記**（1941-1943）
Historical Documents of the Second Theater in the Yan Hsi-shan's Residence
The Daily Records of the Second Theater in the Second Sino-Japanese War, 1941-1943

**國際**

蘇聯廢除部隊政委制，改為政工輔助指揮官。

## 10月11日

**國際**

阿富汗聲明保守中立。

印回教主席真納申述組職獨立國之決心。

## 10月12日

**二戰區**

暫卅七師狙擊隊在汾城蘇村，發生巷戰。

**國內**

沙市出犯岑河口敵續犯湯家橋。

**國際**

德發言人承認德由攻勢轉為守勢。

美艦隊阻擊敵向瓜島增援兵船，在薩伐島遭遇，將敵擊退。

## 10月13日

**二戰區**

芮城敵分路進犯營子莊東西窰村，我軍逐次向寧家山轉進。

## 10月14日

**二戰區**

廿師五八團攻克芮城太安村。

**國內**

顧維鈞返渝述職。

**國際**

南非總理史末資聘英出席戰時內閣。

斯城德、蘇兩軍開始決戰。

## 10 月 15 日

**二戰區**

芮城出犯敵,復分路猛攻,我軍轉至寶王台。

**國內**

全國行政會議通過義務勞動服務制度及收復地區社會重建草案。

## 10 月 16 日

**二戰區**

芮城敵將我軍包圍,我化整為零,向雪花山、五老峯退卻。

**國際**

日陸軍在瓜島大批登陸反攻。

## 10 月 17 日

**二戰區**

七十二師第二一六團在臨汾景家莊擊退竄擾之敵。

晉西北敵向河曲、保德、偏關等處進犯。

**國內**

包頭敵至安北向我砲擊。

170 | 閻錫山故居所藏第二戰區史料 **第二戰區抗戰大事記**（1941-1943）
Historical Documents of the Second Theater in the Yan Hsi-shan's Residence
The Daily Records of the Second Theater in the Second Sino-Japanese War, 1941-1943

國際

　　古巴、蘇聯簽訂外交商務協定。

## 10 月 18 日

二戰區

　　五八團在芮城與永樂鎮敵激戰，收復南張岳村。

國內

　　粵我向潮安之敵進擊。

國際

　　德、義機分六批襲擊馬耳他島。

## 10 月 19 日

二戰區

　　汾陽司馬鎮敵至南辛安竄擾，經騎二師擊退。

國內

　　我軍一度攻入長興城內。

國際

　　德下令登記法及齡男子強調赴德工作，計七五萬人。

## 10 月 20 日

二戰區

　　七十二師第二一六團第一營，在臨汾柴里村，狙擊
開往土門敵人。

國際

　　克里特島英、德機激戰。

# 10 月 21 日

## 二戰區

柳林敵撤回離石。

晉西北敵侵入偏關境後，即折擾清水河。

## 國內

美機轟炸開灤煤礦。

## 國際

美軍在瓜島擊退西部側翼敵軍。

# 10 月 22 日

## 二戰區

王排長靈秀在孝義中街殺敵建勛，興集舉行受獎典禮，閻長官親臨主持，贈勇敢超人四字。

## 國內

第三屆參政會第一次會議在渝開幕。

## 國際

法達爾朗赴非視察。

# 10 月 23 日

## 二戰區

游擊第二縱隊襲擊鄉寧車家圪垛敵。

## 國內

焦作、博愛敵進犯小東崗頭，經我挺進廿六縱隊擊退。

## 國際

北非英第八軍突破阿拉敏軸心軍防線。

172 | 閻錫山故居所藏第二戰區史料 **第二戰區抗戰大事記**（1941-1943）
Historical Documents of the Second Theater in the Yan Hsi-shan's Residence
The Daily Records of the Second Theater in the Second Sino-Japanese War, 1941-1943

德軍佔領斯城內之紅色十月工廠。

## 10月24日

### 二戰區

暫四十三師由汾南北渡，在稷山中社村與敵激戰。

### 國內

陝洋縣擊落敵機一架。

### 國際

英機進襲維琪。

## 10月25日

### 二戰區

河津、稷山北固鎮、刑家莊敵向佛峪進犯，經暫四十五師迎擊退回。

### 國內

美機襲擊廣州、香港。

外部聲明中巴商務協定完全根據平等互惠原則。

韓國臨時議政院在渝開會。

### 國際

瓜島西北日軍登陸，美軍擊退日方五次之進攻。

## 10月26日

### 二戰區

第九支隊在李家凹與西坡出擾敵發生巷戰。

### 國內

敵運輸艦一艘在閩海觸雷沉沒。

國際

　　斯特華島以東美、日海軍激戰，敵巨艦七艦受傷，美艦六艘受創。

## 10 月 27 日

國內

　　我空軍轟炸運城敵軍事設施。

　　挪威照會我國取消治外法權。

　　敵在沂水結集大軍，向諸城進犯。

國際

　　羅斯福申明大西洋憲章可通用於全人類。

## 10 月 28 日

二戰區

　　挺進縱隊第九支隊在稷山青龍鎮伏擊出擾之敵。

國內

　　我神鷹隊及美空軍飛襲九龍。

## 10 月 29 日

二戰區

　　山西光復紀念日閻長官發表告同志書，訓以人格第一、效用第一。

國內

　　國參會通過委座加強管制物價案。（管制方針為：子、實施限價，丑、掌握物資，寅、增進生產，卯、節約消費，辰、便利運輸，巳、嚴密組織，午、管制金

174　閻錫山故居所藏第二戰區史料 **第二戰區抗戰大事記**（1941-1943）
Historical Documents of the Second Theater in the Yan Hsi-shan's Residence
The Daily Records of the Second Theater in the Second Sino-Japanese War, 1941-1943

融，未、調查稅法，申、緊縮預算，寬籌費用。）

國際

　　阿拉斯加公路全部通車。

# 10 月 30 日

二戰區

　　趙城敵向羅雲出擾，經暫四十八師擊退。

國內

　　外交部長宋子文到部視事。

　　比大使紀佑穆抵渝。

國際

　　敵海軍自所島引退。

# 10 月 31 日

二戰區

　　靈石碾則墕敵，全部撤退。

國內

　　參政會閉幕，委座訓詞以統一意志行動，改易風氣，天下事全靠自己相勉。

## 11 月 1 日

二戰區

河津北固鎮西礄口敵向南午芹竄擾，經我特務隊擊退。

國內

我空軍轟炸漢口。

國際

敵人為實現其東亞新秩序，將拓務省、興亞院裁撤，另組大東亞省，由青木一男任大臣，內分滿洲事務局、中國事務局、南洋事務局。

## 11 月 2 日

二戰區

趙城敵增防韓侯、萬安。

暫卅七師在汾城南賈一帶狙擊運糧敵人。

國內

敵機五十四架襲桂林，被我擊落三架。

沂水敵大舉向北沂山麓猛犯。

國際

埃及英軍第二段攻勢開始。

新幾內亞美軍佔領科科達。

## 11 月 3 日

國內

敵機十七架進襲贛州。

176 | 閻錫山故居所藏第二戰區史料 **第二戰區抗戰大事記**（1941-1943）
Historical Documents of the Second Theater in the Yan Hsi-shan's Residence
The Daily Records of the Second Theater in the Second Sino-Japanese War, 1941-1943

國際

美國舉行選舉，共和黨在眾院佔多數。

## 11月4日

二戰區

挺進第九支隊在鄉寧嶺上伏擊敵人。

國內

岑河口敵會犯曾家場。

國際

埃境英軍追越佛卡，德軍全線後退。

馬達加斯加島英、法軍停戰。

## 11月5日

國際

美軍開抵東非及西亞。

## 11月6日

二戰區

挺進第八支隊在鄉寧西石口伏擊進擾石匣溝敵。

國際

史達林在十月革命紀念會講開闢第二戰場之重要。

## 11月7日

二戰區

閻長官號召婦女同胞參加生產工作，樹立自給自足經濟基礎。

國內

當陽敵犯廟前。

國際

美海陸軍由艾森豪威爾指揮，在北非法屬阿爾及爾、阿蘭、摩洛哥三處登陸。

英、美對法發聯合宣言，謂掃除德、義軍後即離境。

## 11 月 8 日

二戰區

暫三十八師第一團在浪泉堡，擊退由臨汾、襄陵出犯之敵。

國際

英、美軍在北非繼續擴大佔領區，達爾朗上將與美軍在阿爾及爾簽立停戰協定。

## 11 月 9 日

二戰區

省府決議在隰縣設立小學。

國內

犯沂山敵退歸原巢。

國際

美軍開入阿蘭，吉羅德由法潛行至北非組織法軍與德作戰。

閻錫山故居所藏第二戰區史料 **第二戰區抗戰大事記**（1941-1943）
Historical Documents of the Second Theater in the Yan Hsi-shan's Residence
The Daily Records of the Second Theater in the Second Sino-Japanese War, 1941-1943

## 11月10日

### 二戰區

暫三十七師第一團一連在汾城大趙村，與敵血戰一夜後，率部脫圍。

### 國內

英議會訪華團團長艾爾文等抵渝。

荊門西黃家集敵向姚家河北犯，與我一三二師在二郎溝激戰。

## 11月11日

### 二戰區

九十四師擊潰垣曲臧家坟修路敵偽。

### 國內

南昌敵擾三江口，被我擊退。

### 國際

德、義軍侵入法非佔領區，控制地中海沿岸。

德空運部隊在突尼西亞登陸。

北非戰爭完全停止。

## 11月12日

### 二戰區

暫四十八師第三團在洪洞赤荊村與敵偽激戰。

### 國內

十中全會在渝開會。

英訪問團拜訪參政會。

敵機四十四架在零陵、桂林與我空軍激戰。

國際

德軍經保、羅抽調東線軍隊赴法。

中古友好條約在哈瓦那簽字。

## 11 月 13 日

二戰區

孝義戰工會開招經濟生活改善會。

離石、嵐縣敵會犯興縣黑峪口。

國內

我軍與淮陽出犯敵在黑河激戰。

國際

日海軍駛瓜達康納爾區登陸激戰，美海軍卡加漢少將殉難。

埃境英軍佔領巴弟亞與多布魯克。

## 11 月 14 日

二戰區

八政村敵出擾柏樹嶺，經我六縱隊十六支隊擊退。

國內

英訪問團蒞十中全會參觀。

蚌埠敵向泗縣東新四軍部進犯。

國際

美、日海軍主力在瓜島激戰。

比塞大、突尼斯兩地法軍與德軍接戰，英第八軍進抵加薩拉。

巴西軍開入法屬圭亞那。

180 | 閻錫山故居所藏第二戰區史料 **第二戰區抗戰大事記**（1941-1943）
Historical Documents of the Second Theater in the Yan Hsi-shan's Residence
The Daily Records of the Second Theater in the Second Sino-Japanese War, 1941-1943

## 11月15日

### 國內

荊門敵向西北進犯，我在阻擊中。

### 國際

美海軍大捷，沉傷日艦廿三艘。

## 11月16日

### 二戰區

敵在平陸、盤山沿河活動，被我八一師擊退。

介休敵復侵佔羅王、郭壁。

敵軍侵入黑峪口。

### 國內

潮安敵向西南出犯，被我伏擊敗退。

### 國際

英、美軍在突尼西亞與德、義軍三處接觸。

達朗爾組織北非軍政府。

## 11月17日

### 二戰區

七十二師二一五團第二連，在襄陵窰院、晉掌擊退由河南村出擾之敵。

### 國內

英訪問團向我戰士播講。

### 國際

西內閣決議堅守中立。

貝當以全權授賴伐爾，並指定為其繼承人。

## 11 月 18 日

二戰區

鄉寧土地廟敵向鹿門竄擾，經六十六師痛擊退回。

## 11 月 19 日

二戰區

暫四二師在離石、神山襲擊出外搶糧敵人。

國際

德軍退出班加西。

## 11 月 20 日

二戰區

騎四師十一團在平遙東道村與敵發生遭遇戰。

國內

天文學會東南區年會在永安開幕。

沙市敵分三路南犯。

國際

蘇軍冬季攻勢在南路開始。

## 11 月 21 日

二戰區

金殿鎮敵向前井萱房搶糧抓夫，經七十二師二一五團第四連擊退。

國內

沙市南犯敵，東路竄據胡家場，中路竄據熊家河，西路竄據彭家場，經我挺進第一縱隊分別襲擊，中、西

182 | 閻錫山故居所藏第二戰區史料 **第二戰區抗戰大事記**（1941-1943）
Historical Documents of the Second Theater in the Yan Hsi-shan's Residence
The Daily Records of the Second Theater in the Second Sino-Japanese War, 1941-1943

路敵分向資福寺、曹家場後退。

國際

　　維琪禁止我大使館對外電話、電報之交通。


# 11 月 22 日

二戰區

　　張店敵偽進犯蘇韓村，被我軍擊退。

國內

　　我空軍猛炸沙市、沙洋，我陸軍收復熊家河，乘勢
向蔣家橋進擊。

國際

　　南非總理史末資由英抵開羅，檢閱南非空軍及第一
師團。


# 11 月 23 日

二戰區

　　閻長官手諭辭職公務人員如係適齡壯丁，應送到部
隊上當兵。

國際

　　英克里浦斯改任生產部大臣。

　　達爾朗廣播，西非已聽其指揮。


# 11 月 24 日

二戰區

　　張茅大道各處敵，向以東我軍大舉進犯。

**國內**

新墻河偷渡敵被我擊退。

**國際**

斯城蘇守軍已與外圍反攻部隊取得聯繫。

## 11 月 25 日

**二戰區**

暫卅七師第一團擊散古城鎮出擾之敵。

離石吳城敵，分四路進犯，在賈北里與我暫四十一師激戰。

**國內**

英訪問團抵西安，當夜赴河防視察。

**國際**

蘇軍在加里寧南面發動攻勢，在斯城克復車站三處、城鎮八處。

英、美政府通知我使館決定放棄治外法權。

## 11 月 26 日

**二戰區**

洪洞敵分三路向東西圈頭、神靈廟、婁村等地進犯，與暫四十八師激戰後，侵入各村。

**國內**

武義敵分路南犯，經我迎擊。

**國際**

德軍深夜進佔法軍港土倫，法軍將一切軍事設施破毀。

184 | 閻錫山故居所藏第二戰區史料 **第二戰區抗戰大事記**（1941-1943）
Historical Documents of the Second Theater in the Yan Hsi-shan's Residence
The Daily Records of the Second Theater in the Second Sino-Japanese War, 1941-1943

## 11 月 27 日

二戰區

　　暫四十八師向敵猛擊，敵退左家溝，七十師為策應
作戰，將王緒村包圍，敵向韓侯退去。

國內

　　十中全會閉幕，議決實施限價，應以糧、鹽價格為
平定一切物價之標準。

國際

　　法巴達上將將土倫法艦全部鑿沉。

　　蔣夫人安抵美國。

## 11 月 28 日

二戰區

　　河津固鎮敵出擾北方平，與我保安隊激戰。

國內

　　我軍向金華西南安地市、石門一帶之進襲。

國際

　　頓河東岸之德軍第二道防線已被蘇軍突破。

## 11 月 29 日

二戰區

　　金殿鎮敵至北社村搶糧，被七十二師二一五團擊散。

國內

　　英訪問團飛蓉參觀我各種建設。

國際

　　北非盟軍佔吉德達機場。

# 11 月 30 日

## 二戰區

廿師五八團第三營由偽警備隊引導，衝入永樂鎮岳村，破毀敵兵舍、合作社、倉庫後，安然南渡。

## 國際

突尼斯德軍反攻，盟軍自德布巴撤退。

186 | 閻錫山故居所藏第二戰區史料 **第二戰區抗戰大事記**（1941-1943）
Historical Documents of the Second Theater in the Yan Hsi-shan's Residence
The Daily Records of the Second Theater in the Second Sino-Japanese War, 1941-1943

## 12月1日

### 二戰區

保八團在汾南北地村與敵激戰。

### 國內

行政院決議沈鴻烈任國防最高委員會祕書長。

## 12月2日

### 二戰區

第六縱隊襲擊茅津渡北丁家溝敵。

暫四十八師圍攻洪洞左家溝煤窰敵人。

### 國內

偽軍第十三師在浙江紹興反正。

## 12月3日

### 二戰區

長官部所在地之克難小學改為省立克難小學。

### 國內

西北工考團入新疆。

### 國際

美國與利比里亞簽訂在利駐軍協定。

## 12月4日

### 二戰區

垣曲祁家澗前窰村敵會犯西山嶺，被我十七支隊擊退。

國際

全球國際團體聯合會在紐約開幕，由李石曾任主席，討論戰後計劃及世界新機構建立問題。

## 12 月 5 日

二戰區

孝義區自經濟自給政策實施後，兌換偽鈔已於本日結束。

六十八師在新絳沿山各村與敵血戰。

國際

太平洋會議在坎拿大續開會議

## 12 月 6 日

二戰區

河津禹門敵砲擊西禹門。

國內

滇邊騰衝由緬增敵六千分三路北犯順江街、向陽橋等地。

## 12 月 7 日

二戰區

夏縣敵進犯楊家溝，與二支隊激戰。

國際

德、義軍向阿爾及利比亞邊境前進。

188 | 閻錫山故居所藏第二戰區史料 **第二戰區抗戰大事記**（1941-1943）
Historical Documents of the Second Theater in the Yan Hsi-shan's Residence
The Daily Records of the Second Theater in the Second Sino-Japanese War, 1941-1943

## 12月8日

### 二戰區

新絳敵向各村勒索馬料，六十八師為粉碎敵人企圖，在汾北公路發動游擊戰，攻入澤掌。

### 國內

國府任命曾養甫為交長、張厲生為政院祕長、吳國楨為外部政次、賀耀祖為渝市長，內次李宗黃、外次胡宗澤亦先行代理，陳儀調黨政考核會祕長。

### 國際

英機轟炸義國都靈。

## 12月9日

### 二戰區

垣曲郭家河敵向曾家村進犯，與河北民軍發生戰爭。

### 國內

由騰衝侵至灰窰街之敵企圖強度曲石江，經我沉著擊退。

## 12月10日

### 二戰區

山西文化勞軍委員會正式成立，趙主席任主委，楊愛源、黃澍芬任副主委。

### 國內

英訪問團離昆明赴印。

### 國際

新幾內亞盟軍掃蕩哥納區，布納敵反攻失敗。

英軍開抵伊都德黑蘭。

## 12 月 11 日
二戰區

夏縣東南楊家溝敵，被我軍包圍擊潰。

國內

岑河口南資福寺敵南犯周呂家，被我迎擊退回。

國際

德軍進攻突尼斯西南之梅吉賽爾巴市。

## 12 月 12 日
二戰區

聞喜東河底敵進犯九水頭，被我十八支隊擊退。

汾陽敵至東西曹村與騎四師發生戰鬥。

## 12 月 13 日
二戰區

暫四十師第二團在稷山高渠附近與敵發生遭遇戰。

## 12 月 14 日
二戰區

堰掌敵偽進犯朱家坪，我十八支隊二大隊向尖窊轉移。

國內

滇西敵強渡打丙江，被我阻擊退回。

190 | 閻錫山故居所藏第二戰區史料 **第二戰區抗戰大事記**（1941-1943）
Historical Documents of the Second Theater in the Yan Hsi-shan's Residence
The Daily Records of the Second Theater in the Second Sino-Japanese War, 1941-1943

**國際**

北非德軍已將艾爾阿吉拉之防線破壞，向西退去。

## 12月15日

**二戰區**

稷山刑家堡敵向黃花峪進犯，經暫四十五師擊退。

**國內**

資福寺敵三路南犯徐家口、蔣家橋、樊家橋等地。

**國際**

中、美開辦無線電傳真，羅總統以親筆信致蔣委員長。

## 12月16日

**二戰區**

暫三十七師第二團，在汾城侯村，與進犯敵血戰。敵以燒夷彈向村施放，毀民戶千餘間，死百姓七十餘名。

**國內**

中宣部部長張道藩、組織部副部長張強分別就職。

渝新市長賀耀祖視事。

**國際**

太平學會閉幕，我國蔣夢齡被選為副主席，李國欽為財政委員會主席。

## 12月17日

**二戰區**

新絳敵分路向北張村一帶進犯，經六十八師內外夾

擊退回。

**國內**

　　蔣兼院長通電各省，限價方案自下年一月十五日實施，限價以十一月卅日各處之價值為標準，限價物品以民生日用必需品為限，實施限價後如有違反法令，即按軍法懲辦。

**國際**

　　蘇軍中路疾進距斯摩稜斯克八十五哩，並向頓河流域展開攻勢。

## 12 月 18 日

**二戰區**

　　張家店敵西犯上勺峪，被我軍擊退。

**國內**

　　鄂廣水敵竄夏店小河西。

## 12 月 19 日

**二戰區**

　　垣曲雞籠山敵向我八四師愷村、琅村陣地砲擊。

**國內**

　　皖、鄂邊境敵分路向大別山脈各地進犯，由蘭溪登陸敵侵入浠水城。

**國際**

　　北非德、義增加突尼斯援軍，隆美爾退出諾非里亞。

　　英軍自吉大港山地向阿拉甘推進。

192 ┃ 閻錫山故居所藏第二戰區史料 **第二戰區抗戰大事記**（1941-1943）
Historical Documents of the Second Theater in the Yan Hsi-shan's Residence
The Daily Records of the Second Theater in the Second Sino-Japanese War, 1941-1943

## 12月20日

### 國內

美機轟炸騰衝。

九江敵侵入黃梅，安慶敵侵入潛山。

汪逆飛東京覲見日皇。

### 國際

頓河中區蘇軍抵米勒羅佛外圍。

敵酋東條■汪逆赴日。

## 12月21日

### 二戰區

堰掌敵犯木柵野峪，經我軍予以打擊後退回。

## 12月22日

### 二戰區

張店、八政、夏縣等處敵偽，向井兒溝進犯，與第六縱隊發生戰事。

### 國內

資福寺敵增援，南犯譚家港。

### 國際

蘇軍佔領頓河平原之卡門斯克（羅斯托多北六十里）。

## 12月23日

### 二戰區

洪洞萬安、鄭家寨敵，分三路向暫四十八師第二團

進攻，在賀家嶺激戰一時，我撤至張家莊以東，與神靈廟、石家垣我軍同時向敵攻擊，敵不支退回。

**國內**

參政會經濟動員策進會成立，總會設渝，成都、萬縣、昆明、西安、衡陽設辦事處，蔣會長訓示，經濟動員不僅為抗建成敗最後之關鍵，實為工商各界挽救危難指針。

鄂宋埠敵侵入羅田。

## 12 月 24 日

**國內**

蔣委員長聖誕節招待盟國官員時稱，三十一個同盟國必能造成新世界。

黃梅敵侵入宿松，浠水敵侵入廣濟。

**國際**

美軍開抵達喀爾。

法北非負責者達爾朗在阿爾及爾被刺，由吉羅德以法軍司令身份負維持秩序之責。

## 12 月 25 日

**二戰區**

汾城敵向上北戍我暫卅八師進犯。

**國內**

百架滑翔機在渝舉行命名典禮。

宿松敵陷我太湖。

194　　閻錫山故居所藏第二戰區史料 **第二戰區抗戰大事記**（1941-1943）
Historical Documents of the Second Theater in the Yan Hsi-shan's Residence
The Daily Records of the Second Theater in the Second Sino-Japanese War, 1941-1943

## 12月26日

### 二戰區

暫四十一師第三團在汾西南王禹村，與敵偽遭遇激戰。

### 國內

敵機二十一架在滇祥雲上空被我擊落八架。

### 國際

吉羅德就任法高級委員，戰鬥法國人稱吉氏之出任，可使法人團結一致，消除達爾朗所引起之政治困難。

## 12月27日

### 國內

皖中我軍攻入潛山，續克太湖。

鄂東浠水、羅田敵會陷我英山，宋埠敵復竄陷麻城。

### 國際

美國務卿謂達爾朗之貢獻為使北非局勢改觀，故刺達爾朗為可憎而卑怯之行動。

## 12月28日

### 二戰區

平陸敵向老虎嘴保安隊駐地進犯。

### 國內

大別山南新洲敵三千餘竄夫子河，續犯龜頭河。

### 國際

盟機轟炸拉布爾敵陣地。

## 12 月 29 日
二戰區

敵進犯洪洞婁村及東西圈頭。

國內

新洲敵分增沙河、宋埠、中館驛，並進竄熊家館。

國際

蘇軍攻佔斯城西南九十英哩之科特爾尼科夫。

## 12 月 30 日
二戰區

暫四十八師第二團攻入洪洞西石家莊敵據點。

國內

熊家館敵會合麻城敵與我軍在月星堂激戰。

## 12 月 31 日
國內

夫子河敵東進界嶺犯平湖，羅田敵佔甕門關繼續北犯。

# 民國 32 年（1943）

## 1 月 1 日
二戰區

山西省經濟管理局成立，閻、趙任正、副局長，下屬經濟作戰處、合作事業管理處、互助事業管理處、工商事業管理處等，負責管本省經濟統制事項。

元旦閻長官訓示，努力完成自給自足，鞏固經濟作戰基礎，並定今年為自給年。

國內

大別山方面敵四面發動攻勢，皖中敵復陷太湖。

國際

蘇軍克復卡爾密克首府艾利斯達及史達林西南區中心之托爾密那索。

## 1 月 2 日
二戰區

暫四十八師第二團張團長率隊攻入西圈頭，與敵激戰受傷，撤至垣上。

國內

羅田敵與我軍在太子店激戰後攻入立煌城。

國際

南斯拉夫在英倫組織新政府，岳瓦納維克任總理。

蘇軍收復大弓城。

198

閻錫山故居所藏第二戰區史料 **第二戰區抗戰大事記**（1941-1943）
Historical Documents of the Second Theater in the Yan Hsi-shan's Residence
The Daily Records of the Second Theater in the Second Sino-Japanese War, 1941-1943

## 1月3日

二戰區

第二、三兩團續佔西圈頭，第七十二師進襲土門。

國際

蘇軍克復北高加索工業中心之摩茲多克。

## 1月4日

二戰區

暫四十八師續克東圈頭、神靈廟，向婁村、石家莊
進襲。

國內

由安慶出犯敵侵入桐城。

## 1月5日

二戰區

洪、趙敵分四路向暫四十八師駐地賀家莊、蘆山
頭、光棍嶺、喬家灣進犯，我軍移侯家山。

國內

敵軍侵入商城。

國際

克拉克任美第五軍軍長。

聯合國發表宣言，在戰爭中財產權益任何轉移或交
易行為，有保留宣告無效之權。

## 1月6日

**二戰區**

暫四十八師暮夜反攻，六十九師向劉家垣、康家坡，七十二師向土門喬家灣同時發動攻勢。

**國內**

敵軍侵入固始。

桐城敵向安慶退卻。

## 1月7日

**二戰區**

洪、趙出犯敵開始撤退，我軍克復賀家莊，敵退李家坪。

**國內**

魯敵六千餘向益都、壽光以北進犯，經我沉著迎擊，我軍在葉家集與敵激戰後將立煌城收復。

**國際**

羅斯福在七十八屆國會中演說，德、義、日武裝必須解除，一九四三年聯合國於通往柏林、羅馬、東京之路途上必可獲得擴大之進展。

## 1月8日

**二戰區**

參加自給自足討論人員分赴各縣組織經濟管理局，取消私商、接收貨物。

**國內**

商城北犯敵侵入光山，固始敵侵入潢川。

200 | 閻錫山故居所藏第二戰區史料 **第二戰區抗戰大事記**（1941-1943）
Historical Documents of the Second Theater in the Yan Hsi-shan's Residence
The Daily Records of the Second Theater in the Second Sino-Japanese War, 1941-1943

信陽敵千餘侵羅山。

# 1月9日
## 國內

汪逆對英、美宣戰，開始強徵我淪陷區內物資、勞工。

## 國際

羅斯福私人代表費立潑斯抵新德里。

# 1月10日
## 二戰區

王茅、皋落、橫水等處敵，向冷口、蔡村等地進犯。

## 國內

我神勇空軍奇襲荊門敵機場，我軍克復固始，潢川敵向羅山退去。

## 國際

斯城被圍德軍拒絕蘇軍投降通牒，蘇軍開始總攻。

# 1月11日
## 二戰區

李家坪敵放水焚燒附近各村後，向洪洞退去。

## 國內

我軍克復光山、太湖。

滇西敵增援與我血戰打洛、猛板等地。

## 1 月 12 日
二戰區

　　暫卅七師在新絳木贊村伏擊由曲沃渡河之敵。

國內

　　行政院通過邵力子辭職照准，傅秉常繼任駐蘇大使。

　　我軍克復羅山，殘敵向信陽退去。

國際

　　中美新約換文在華府簽字。

　　中英新約在渝簽字，取消北京議定書，終止一切權利，租界之行政管理歸還我國，旅行、居住雙方權益相同。

## 1 月 13 日
國際

　　蘇軍突入史城西區，將德軍驅出二十七處堡壘。

## 1 月 14 日
二戰區

　　汾陽司馬鎮敵向孝義劉家堡出擾，被騎二師擊退。

國內

　　滇西我克復打洛，打景以東與敵隔南累河對峙，由猛累犯大猛籠敵向蠻板渡進犯。

國際

　　羅斯福、邱吉爾飛抵法屬西非之卡薩布蘭卡港，下午三時即舉行會議，參加者有兩國海陸空軍負責人及參謀人員。

202 | 閻錫山故居所藏第二戰區史料 **第二戰區抗戰大事記**（1941-1943）
Historical Documents of the Second Theater in the Yan Hsi-shan's Residence
The Daily Records of the Second Theater in the Second Sino-Japanese War, 1941-1943

## 1月15日

### 二戰區

克難坡成立臨時限價委員會，佈告食糧、棉布之價等限價規定，十五日起施行，週施經濟管理社發行之合作券，每元當法幣二元行施。

克難坡募訓婦女開始。

### 國內

西安設立平價商店，公務人員實行憑證購買。

全國各地一律實行限價。

### 國際

第一次會至下午三時結束，參謀人員每日舉行三次會議，就一九四三年作戰計劃，作詳密之檢討。

## 1月16日

### 二戰區

第四挺進縱隊在古城東北伏擊敵人。

### 國內

新疆省黨部正式成立，盛世才任主席委員，由朱紹良、梁寒操等監誓。

### 國際

伊拉克聲明對德、義、日宣戰。

## 1月17日

### 二戰區

汾城南北賈崗敵偽，被暫三十七師擊退。

國內

　　總動員會議決，凡有違反限價法令，買賣雙方均由軍法懲處。

## 1 月 18 日

二戰區

　　山西大學由秋林移克難坡。

　　河津、榮河、萬泉敵，向西蘇馮村我保六團進犯。

國內

　　隨縣敵北犯被我擊回。

國際

　　北非英軍進入貝拉特。

## 1 月 19 日

二戰區

　　第四挺進縱隊在新絳孝陵莊徵糧，與敵激戰。

國際

　　吉羅德至卡港參加羅、邱會議，檢討法國組軍作戰事。

## 1 月 20 日

二戰區

　　六十八師二零三團在新絳光村徵糧，與敵激戰。

國際

　　蘇軍克復高加索要塞伏羅希洛夫斯克。

　　德、義、日三國在柏林簽訂經濟協定。

204 | 閻錫山故居所藏第二戰區史料 **第二戰區抗戰大事記**（1941-1943）
Historical Documents of the Second Theater in the Yan Hsi-shan's Residence
The Daily Records of the Second Theater in the Second Sino-Japanese War, 1941-1943

## 1月21日

二戰區

第四游擊縱隊第十支隊襲擊襄陵東南之鄧曲敵。

國內

大洪山我向敵出擊。

國際

羅斯福檢閱北非部隊。

## 1月22日

二戰區

一零四師一部在同善鎮東襲擊敵人。

國內

閩境我渡海襲擊東沙島敵。

國際

戴高樂抵卡港，與吉羅德及摩洛哥總督諾格會談法國政治問題。

## 1月23日

二戰區

曲沃敵偽由高顯西渡，被暫三十七師擊退。

國際

高加索蘇軍克復阿馬維爾。

英第八軍佔領意北非殖民地首府的黎波里。

## 1 月 24 日
### 二戰區
　　新絳古堆敵向西莊我二零四團第一營進犯，被二零三團側襲合擊退去。
### 國際
　　蘇軍越過高加索山脈向邁科普推進。

　　羅、邱在卡港聯合招待記者表示會議方針為促成軸心無條件的投降，終止日本統治遠東企圖。

　　戴、吉發表聯合聲明，團結一致，解放法國。

## 1 月 25 日
### 二戰區
　　暫卅八師第三團在襄陵南之北靳村，掩護徵糧，與敵激戰。
### 國內
　　打景敵向東岸偷渡，被我阻退。
### 國際
　　蘇軍克復佛羅內茲。

## 1 月 26 日
### 二戰區
　　暫四十五師第二團，渡汾南徵糧，在范村與河津、榮河敵激戰。
### 國內
　　大猛籠敵分路猛犯，在蠻板展開激戰。

206 　閻錫山故居所藏第二戰區史料 **第二戰區抗戰大事記**（1941-1943）
Historical Documents of the Second Theater in the Yan Hsi-shan's Residence
The Daily Records of the Second Theater in the Second Sino-Japanese War, 1941-1943

國際

美駐蘇大使史丹德雷將羅、邱聯合照會送交史達林。

## 1月27日

二戰區

卅四軍工兵營在萬泉孤峯山，與敵偽遭遇激戰。

國際

英、美重要將領舉行補充會擬定突尼西亞軍事計劃。

## 1月28日

二戰區

暫四十四師第一團在稷山管村渡口，與敵激戰。

國際

蘇軍佔領卡斯多那雅。

## 1月29日

二戰區

克難坡士兵夫舉行根決賭博大會。

國內

滇西在大拉方面激戰。

## 1月30日

二戰區

騎十一團在汾陽徵糧，至司馬鎮東，與敵激戰。

國際

敵人在穆播與瓦阿間之巡羅攻勢被擊退。

# 1 月 31 日

二戰區

絳縣敵犯鄧家窰，我軍向炭源河轉移。

國際

蘇軍完成殲滅史城以西德軍工作。

邱吉爾與土總統伊約魯在土南部阿達那舉行會談，成立協議。

208 | 閻錫山故居所藏第二戰區史料 **第二戰區抗戰大事記**（1941-1943）
Historical Documents of the Second Theater in the Yan Hsi-shan's Residence
The Daily Records of the Second Theater in the Second Sino-Japanese War, 1941-1943

## 2月1日

### 二戰區

垣曲白鵝敵偽犯段凹，被我一零四師中途阻擊退回。

### 國內

中國社會學社在渝舉行年會。

### 國際

邱吉爾自土返開羅。


## 2月2日

### 二戰區

暫四十八師特務隊在吳村鎮，將出擾偽軍擊退。

### 國際

史城戰事結束，德第六軍就殲，軍長鮑盧被俘。


## 2月3日

### 二戰區

二零四團在新絳北王馬，與敵接觸。

中陽敵與暫四十一師一團在郝家嶺、柏家峪等地激戰。

### 國內

大猛籠方面敵增援反撲。

### 國際

北非英第八軍進抵馬特馬塔之馬雷斯防線。

德定三日至六日為國哀日，停止娛樂，以紀念斯城將士。

## 2 月 4 日

### 二戰區

敵機兩架至鄉、吉、大寧一帶損視。

克難坡舉行易俗大會。

## 2 月 5 日

### 二戰區

騎一師狙擊隊將竄擾盧北街敵擊退。

### 國內

全國各地慶祝新約。

美空軍司令安德諾、英元帥迪爾代表羅、邱，向蔣委員長報告卡港會議。

### 國際

意內閣改組齊亞諾辭職，墨自兼外長。

安德魯就歐洲美軍司令職。

邱吉爾與葡總理沙拉查會晤。

## 2 月 6 日

### 國際

蘇軍在烏克蘭收復巴溫科夫及通卡爾科夫之巴拉克拉巴。

美艾森豪威爾任非洲盟軍司令，英亞歷山大副之。

## 2 月 7 日

### 國內

敵機轟炸河南省府所在地魯山。

210　閻錫山故居所藏第二戰區史料 **第二戰區抗戰大事記**（1941-1943）
Historical Documents of the Second Theater in the Yan Hsi-shan's Residence
The Daily Records of the Second Theater in the Second Sino-Japanese War, 1941-1943

國際

　　蘇軍克復羅斯托夫南之亞速城。

## 2月8日

　　【無記載】

## 2月9日

國內

　　結集白螺磯、資福寺、沔陽敵開始沿江進犯，企圖
肅清沔陽、監利間之我游擊隊。

國際

　　瓜島敵停止抵抗，敵宣佈自瓜島撤退。

　　中路蘇軍攻克庫爾斯克。

## 2月10日

二戰區

　　十五專署政衛營將河津東南和井村敵擊退。

國內

　　滇西南累河打洛、打廣一帶隔河對峙。

國際

　　甘地開始絕食三週。

　　中路蘇軍續克比爾哥羅得。

## 2月11日

二戰區

　　安邑人民自衛團在新絳之石家莊與敵作戰。

**國內**

何參謀總長與羅、邱代表飛印度。

**國際**

邱吉爾在下院報告卡港會議,擬定九個月軍事計劃,決先擊敗德國,而後日本。

## 2 月 12 日

**國內**

滇西敵分三路擾犯。

一元獻機命名典禮在渝舉行。

**國際**

羅斯福演稱,將在中國及日本上空採重大行動。

## 2 月 13 日

**二戰區**

二零三團在新絳白村伏擊敵人。

新絳特務團第四營在西南毛村與敵激戰。

**國內**

粵北江方面我軍克復蔣岸。

蘇北寶應、興化敵向我進犯。

## 2 月 14 日

**二戰區**

第五支隊、十五支隊在新絳王守莊與敵遭遇作戰。

**國內**

滇西鎮安街敵竄至新城。

212　閻錫山故居所藏第二戰區史料 **第二戰區抗戰大事記**（1941-1943）
Historical Documents of the Second Theater in the Yan Hsi-shan's Residence
The Daily Records of the Second Theater in the Second Sino-Japanese War, 1941-1943

蘇魯豫邊區敵向碭山西北進犯。

**國際**

蘇軍收復羅斯托多。

# 2月15日

**二戰區**

趙城敵挖由左家溝至劉家垣通壕。

**國內**

外部宣佈中、荷使節互升格，由金問泗首任駐荷大使。

由騰衝沿隴川江北犯敵侵至江首街，向股向瓦甸、林家舖進犯。

廣州灣敵在北州島登陸。

**國際**

朝鮮民族革命黨在渝召開第七次代表大會，選金奎植等為執委。

# 2月16日

**二戰區**

克難坡舉行民族革命同志會五週年紀念大會。

六十八師二零四團掩運汾南軍糧，在龍泉村與擾犯敵激戰。

**國內**

潛江以西敵向我擾犯。

由騰衝北犯敵侵至固東街，向小新街進犯。

北州島敵分兩股向雷州港及通明港強行登陸。

國際

　　蘇軍克復烏克蘭第二首府卡爾科夫。


# 2 月 17 日

二戰區

　　暫四十八師第三團在萬安西賀家莊與敵生發遭遇戰。

國內

　　林家舖敵侵入橋頭街續向馬面關進犯。

　　雷州登陸敵侵入海康，復在廣州灣東岸登陸。

國際

　　蔣夫人等抵華府，羅斯福夫婦親迎於車站。

　　北非德軍推進，盟軍退出費里安那等地。


# 2 月 18 日

二戰區

　　七十師副師長王立業，率保六團一、二兩隊在稷山東南三交村，被敵包圍激戰，王氏■■部均壯烈殉難。

國內

　　贛北我軍將擾高安之敵擊退。

　　蔣委員長通電各黨政機關組織設計考核委員會，勵行行政三聯制。

國際

　　蔣夫人在國會演說，勿認希特勒為最大敵人，應立即進攻日本。

214　閻錫山故居所藏第二戰區史料 **第二戰區抗戰大事記**（1941-1943）
Historical Documents of the Second Theater in the Yan Hsi-shan's Residence
The Daily Records of the Second Theater in the Second Sino-Japanese War, 1941-1943

## 2月19日

### 二戰區

華北敵酋岡村飛太原視察。

### 國內

蔣委員長播講自愛自重，共同推進新生活運動。

國府明令蔣中正兼中央大學校長。

### 國際

印政治領袖會議要求釋放甘地。

羅斯福與蔣夫人聯合招待記者，夫人希望取得更多之軍火。

## 2月20日

【無記載】

## 2月21日

### 國內

滇西敵改路向蠻蚌進犯，馬面關方面在苦戰中。

### 國際

印政治領袖要求遭印督拒絕。

敵得法政府同意，完全開入廣州灣租借地。

## 2月22日

### 二戰區

絳縣王茅等處敵向東西桑池會犯，企圖掃蕩我游擊根據地。

**國內**

粵境我與敵在遂溪激戰。

**國際**

北非德軍越過卡塞林關。

# 2 月 23 日

**二戰區**

六十八師二零四團徵糧部隊在永豐莊、西薛郭與敵作戰。

**國內**

當陽敵向我進犯。

沙市東南之泲陽、峯口、通海口相繼陷落，我一二八師主力向老新口轉進。

**國際**

維琪公佈，取消在華治外法權。

熊式輝抵英倫。

# 2 月 24 日

**國內**

我外部向維琪提出照會，申明法方背約允許日軍進入該地，中國自再不受該約之拘束。

滇西敵由滾弄侵入孟定。

# 2 月 25 日

**二戰區**

古城敵竄關村、梅廟，被我暫卅七師派隊沖散。

216 | 閻錫山故居所藏第二戰區史料 **第二戰區抗戰大事記**（1941-1943）
Historical Documents of the Second Theater in the Yan Hsi-shan's Residence
The Daily Records of the Second Theater in the Second Sino-Japanese War, 1941-1943

國內

　　蠻蚌敵向我兩波進撲，經我阻退，明光敵增援後與我血戰。

　　贛北克復奉新。

國際

　　波蘭政府否認外間謠傳蘇、波邊界之爭執。


## 2月26日

二戰區

　　克難坡舉行組政軍教進步展覽會。

國內

　　蔣委員長對泰國廣播，說明盟國作戰方針為恢復國際信譽。

　　贛錦河南北岸恢復戰前狀態。

國際

　　德外長里賓特羅甫在羅馬與墨索里尼會談作戰事宜。

　　希特勒下令波羅的海三國實行總動員法。


## 2月27日

　　【無記載】


## 2月28日

國內

　　侵至明光西北拖角敵，被我阻擊向片馬退去。

國際

　　德軍反攻卡爾科夫。

## 3 月 1 日

### 二戰區

三官峪敵向太池村偵察，在土地廟觸我拉雷。

### 國內

龍川江東岸我軍將江首街克復。

### 國際

我教育文化訪印團抵印。

土總統伊納魯當選連任。

## 3 月 2 日

### 二戰區

汾城敵由蘇村向南西城我軍進犯，激戰兩小時，我向後轉移。

### 國內

敵復至拖角北向明光以西進犯。

### 國際

日議會通過一百三十七萬二千伍百萬元之預算。

## 3 月 3 日

### 二戰區

六十八師徵糧部隊在新絳之龍泉村與周流敵激戰。

### 國內

我軍向白螺磯西北聶家河敵進攻。

### 國際

俾斯麥群島海戰，美空軍擊沉或傷敵艦二十二艘。

中路蘇軍克復塞夫。

218 | 閻錫山故居所藏第二戰區史料 **第二戰區抗戰大事記**（1941-1943）
Historical Documents of the Second Theater in the Yan Hsi-shan's Residence
The Daily Records of the Second Theater in the Second Sino-Japanese War, 1941-1943

## 3月4日

### 二戰區

汾城敵襲擊馬村，暫卅七師第三團狙擊二分隊與之在喬村激戰，政治員曹景山陣亡。

### 國內

滇西我克復明光，越過固東街向南追擊。

## 3月5日

### 二戰區

三官峪敵深入侵入太池村，與我暫卅七師在村北激戰。

### 國內

我克孟定，復與敵在滾弄激戰。

### 國際

蔣夫人在紐約招待記者，促請美國派遣遠征軍來華。

## 3月6日

### 二戰區

暫卅七師一團七連被敵包圍，苦戰三小時，祖師廟陷入敵手。

攻桃花洞敵與第八連激戰於蛤蟆脊背。

## 3月7日

### 二戰區

澤掌敵在北熟與我徵糧部隊作戰。

古城與桃花洞敵會攻侯村，我軍向外轉移，與第三團取得連繫。

國際

德調大軍圍攻卡爾科夫。

# 3 月 8 日

二戰區

我軍克復太池村，第一團全部向桃花洞、祖師廟反攻，將土地收復。

離石金羅鎮敵出犯，被暫四十一師擊退。

國內

長江北岸敵分路向調弦口、石首、藕池口、橫堤寺、陡湖堤、太平口、黃公廟等處強渡，藕池口敵被我擊退，其餘各口俱為敵佔領。

國際

美駐蘇大使史丹德雷演說稱，蘇聯故意隱瞞美對蘇之援助（自卡港會議後，未見斯達林之答，已引起人懷疑蘇或未滿意承認）。

# 3 月 9 日

國內

敵軍攻入藕池口及華容。

國際

威爾斯聲明史氏並未與政府商議，亦非政府授意。

220 | 閻錫山故居所藏第二戰區史料 **第二戰區抗戰大事記**（1941-1943）
Historical Documents of the Second Theater in the Yan Hsi-shan's Residence
The Daily Records of the Second Theater in the Second Sino-Japanese War, 1941-1943

## 3月10日

二戰區

六十二師二一五團一營襲擊由臨汾劉村向西社送糧敵。

國內

滇西敵大部退騰衝、龍陵。

國際

美眾院通過租借法延長一年。

## 3月11日

二戰區

暫四十八師第三團襲擊左家溝西北構做工事敵。

國內

蔣委員長講，實施精總動員要澈底持久堅忍。

由鄂中渡江進犯敵，與我在南岸各地進行爭奪戰。

國際

北非德軍統帥隆美爾返德國。

## 3月12日

二戰區

暫卅七師向沿山各據點敵襲擊。

太原敵工兵千餘在新河沿線及汾城一帶徵集民夫構做封鎖壕。

國內

侵至華容西南沙口敵，分兩路向梅田湖、明山頭進犯，石首以西，在彌陀寺激戰。

國際

英機轟炸埃森克魯伯工廠。

英外相艾登抵華府。

日照會美政府，轟炸東京之美飛行員判處死刑。

## 3 月 13 日

二戰區

霍縣敵佔領風子原。

平陵敵進犯保七團，老虎凹陷敵手。

國內

我軍分兩路向由江陵至岳陽八路渡江敵反攻。

國際

敵首相抵南京與汪逆會晤，討論聯合作戰事宜。

## 3 月 14 日

二戰區

六支隊襲擊由晉城運糧至欄車鎮敵。

國內

南縣東北地區敵向華容撤退。

國際

德軍再度佔領卡爾科夫。

## 3 月 15 日

二戰區

暫卅七師二團在汾城之南西城與敵遭遇激戰。

222 | 閻錫山故居所藏第二戰區史料 **第二戰區抗戰大事記**（1941-1943）
Historical Documents of the Second Theater in the Yan Hsi-shan's Residence
The Daily Records of the Second Theater in the Second Sino-Japanese War, 1941-1943

**國內**

我向華容、石首兩城及藕池口、太平口敵反攻。

蔣委員長赴貴州。

渝寶聯運通車。

**國際**

艾登與赫爾會談後發表聲明，無論戰事之情況若何，聯合國間有完全諒解之必要。

## 3月16日

**二戰區**

新絳特務團第一營在店頭與敵激戰。

**國際**

北非法當局下令拆除貝當肖像。

## 3月17日

**國內**

我軍合圍華容，並攻藕池口及楊林寺。

**國際**

柏林訊，日將蘇、滿邊境之防軍撤退。

艾登與羅斯福討論作戰及戰後問題。

## 3月18日

**國內**

華容敵增援向我反撲，並向馬鞍山、風口等地進犯。

**國際**

法屬圭那亞參加吉羅德陣線。

## 3 月 19 日
二戰區

暫四十八師第三團再度襲擊左家溝敵。

國內

我軍攻入華容城，續在城郊血戰，藕池口、彌陀寺展開激戰。

國際

蔣夫人抵芝加哥。

德軍佔領比爾哥羅得。

## 3 月 20 日
國內

緬敵又向打洛等地進犯。

國際

突尼西亞盟軍開始反攻。

## 3 月 21 日
二戰區

暫三十七師在辛豐莊徵糧，與敵遭遇激戰。

國內

增援華容敵與我在墨山舖激戰，我軍攻入藕池口東北之天心洲。

## 3 月 22 日
二戰區

我軍在垣曲安子嶺襲擊開往濟源敵人。

224　閻錫山故居所藏第二戰區史料 **第二戰區抗戰大事記**（1941-1943）
Historical Documents of the Second Theater in the Yan Hsi-shan's Residence
The Daily Records of the Second Theater in the Second Sino-Japanese War, 1941-1943

**國內**

　　鄂境公安以北之米積台展開血戰。

## 3 月 23 日

**二戰區**

　　七十二師二一五團與臨汾敵在紀家莊激戰。

**國內**

　　宜昌、當陽敵與我在龍泉舖以西萬家山激戰。

　　日寇准許汪政府成立國防軍，將一切雜偽軍歸汪

改編。

**國際**

　　北非英第八軍突破馬雷斯防線。

## 3 月 24 日

**國內**

　　宜當出犯敵被我在天寶山擊退。

## 3 月 25 日

**二戰區**

　　六十八師徵糧隊在新絳程官莊與敵激戰。

**國際**

　　蔣夫人抵舊金山。

## 3 月 26 日

**國內**

　　雷州半島遂溪方面敵出犯北尾埧，被我擊退。

國際

　　艾登在馬里蘭洲講，保證中、英作戰到底。

　　蘇日漁業協定延長一年。

# 3 月 27 日

二戰區

　　新絳敵分路向澗西村、石門峪進犯。

國內

　　蔣委員長自黔返渝。

　　華容附近敵我爭奪馬鞍山。

　　汪政權與日寇簽訂接收平、津、滬、漢、廣、廈門等處租界協定。

# 3 月 28 日

二戰區

　　新絳出犯敵侵入黃土坡、澗西村、石門峪、張家莊，我六十八師沿山部隊與山下徵糧部隊，向敵內外夾擊。

國內

　　華容東北之焦山及調弦口被我攻復，敵向石首退去。

　　浙境敵出犯新昌屬之青嶺，被我軍阻於南山嶺。

國際

　　北非盟軍攻佔方都克。

# 3 月 29 日

二戰區

　　六十八師二零二團克復一三七一高地，敵向一五七

226 | 閻錫山故居所藏第二戰區史料 **第二戰區抗戰大事記**（1941-1943）
Historical Documents of the Second Theater in the Yan Hsi-shan's Residence
The Daily Records of the Second Theater in the Second Sino-Japanese War, 1941-1943

一高地猛犯，至晚一三七一高地復陷敵手。

**國內**

三青團第一次全國代表大會在渝開會。

**國際**

德、義軍退出馬雷斯線，盟軍佔領艾爾哈嗎。

## 3 月 30 日

**二戰區**

我軍再度克復一三七一高地，一五七一高地我軍轉至一二七一高地與敵對戰。

**國內**

荊門、當陽敵與我軍在板倉、新集等地激戰。

**國際**

突境英第八軍佔領加培斯。

日機卅一架襲孟加拉東南，被英機擊落十三架。

## 3 月 31 日

**二戰區**

泉掌等處敵向馬首山、范家莊、舖頭、靈邱山等處我暫四十四師陣地進犯，當晚馬首山陷入敵手。

**國內**

藕池口我軍與反攻敵激戰。

信陽聯合敵，由長台關向佛祖店進犯。

荊門出犯敵，在長崗嶺會合，與我激戰。

**國際**

日軍事代表團抵義大利。

印督拒絕查里等與甘地見面之要求。

希特勒與保王鮑利斯會晤。

228 | 閻錫山故居所藏第二戰區史料 **第二戰區抗戰大事記**（1941-1943）
Historical Documents of the Second Theater in the Yan Hsi-shan's Residence
The Daily Records of the Second Theater in the Second Sino-Japanese War, 1941-1943

## 4月1日

### 二戰區

柳林敵竄清水畔，與我暫四十二師作戰。

### 國內

湘零陵上空我空軍擊落敵機兩架，江西擊落敵機七架。

### 國際

日首相東條抵長春。

美國邀請聯合國在美開食糧會議。

## 4月2日

### 二戰區

保六團在稷山西北東西段村伏擊敵人。

### 國內

長江北岸敵南渡，強向大口登陸。

### 國際

蔣夫人在洛杉磯招待記者時宣稱，中國除收復領土外，並無擴充領土野心。

希特勒與保王魯利斯在貝茲加登會晤，商巴爾幹受侵時，中立國所處之地位。

聯合國暨西班牙將領在西屬摩洛哥會晤。

## 4月3日

### 二戰區

敵以飛機、大砲掩護，向暫四十四師一二三零高地猛犯。

六十八師二〇四團三營深夜奪回一三〇〇及一四〇〇兩高地。

**國內**

京山東北宋河敵向我進犯。

**國際**

突境中部德軍反攻，美軍後退，與法軍鞏固新陣地。

英機大炸埃森克魯伯工廠。

匈總理卡萊與義相會談。

## 4月4日

**二戰區**

一二三〇高地被敵佔領。

暫四十四師第三團團長祁國朝於拂曉前收復馬首山，敵由扁坡連續反攻，被我擊退。

**國內**

大口登陸敵侵入浠市後，南向膚家尖進犯。

**國際**

美機轟炸巴黎雷諾工廠。

艾森豪威爾致電戴高樂，要求緩赴北非。

美財政部向盟國提出戰後幣制計劃，以五十萬萬美元作平準基金，發行國際貨幣。

艾登返倫敦。

## 4月5日

**二戰區**

暫四十四師第一團王團長為征向敵反攻，奪回一二

230 | 閻錫山故居所藏第二戰區史料 **第二戰區抗戰大事記**（1941-1943）
Historical Documents of the Second Theater in the Yan Hsi-shan's Residence
The Daily Records of the Second Theater in the Second Sino-Japanese War, 1941-1943

三〇高地，進據蘇參坡，敵退北董。

一三〇〇、一四〇〇高地，復被敵攻陷，六十師仍向敵反攻。

### 國內

滇境龍陵西南芒市敵，分三路進犯三村、胡家寨、尖家寨，與我軍激戰甚烈。

### 國際

英軍事代表團團長馬特爾抵蘇京。

## 4月6日

### 二戰區

敵人再度攻陷馬首山，第三團退一六二〇高地與敵對戰。

### 國內

荷首任駐華大使羅芬克蒞渝。

由宋河出犯敵，在劉家港被我軍夾擊退回。

### 國際

北非德軍向第八軍反攻。

## 4月7日

### 二戰區

暫三十七師第一團在汾城屬上魯村與敵作戰。

### 國內

華容境敵自黃公廟增援反撲，我軍退出墨山舖。

### 國際

英第八軍與卡夫沙美軍會師。

義相到柏林與希特勒會談。

## 4 月 8 日

### 二戰區

暫四十五師二團在萬泉東北北張戶與敵作戰。

### 國內

鄂安陸、淅河敵出擾洛陽店，被我擊退。

### 國際

美國與伊朗簽訂互惠商約。

## 4 月 9 日

### 二戰區

騎一師在田屯、團城溝一帶，伏擊出擾敵。

## 4 月 10 日

### 二戰區

七十二師二一六團在樊家莊伏擊由劉村退往臨汾敵。

### 國內

渝昆電報傳真開放。

皖北敵向渦陽以東地區進犯，經我軍在八里廟一帶阻擊。

### 國際

北非盟軍八時佔領斯法克斯，義將馬克里尼被擒。

比塞大港發生空海戰，盟機擊落敵機五八架。

232 | 閻錫山故居所藏第二戰區史料 **第二戰區抗戰大事記**（1941-1943）
Historical Documents of the Second Theater in the Yan Hsi-shan's Residence
The Daily Records of the Second Theater in the Second Sino-Japanese War, 1941-1943

## 4月11日

### 二戰區

六十八師二〇二團由廟坡及一六二〇高地，深夜向敵猛攻，收復馬首山。

### 國內

粵、贛、湘、桂四省在桂舉行限價會議。

### 國際

突境英第一軍佔領開爾萬。

法民族委員會討論賈德魯攜回之吉羅德提案。

## 4月12日

### 二戰區

暫四十四師第二團攻入北董村，與敵展開激巷戰後，安全返回。

### 國際

突境英第八軍佔領蘇斯。

澳外長伊瓦特謁見羅斯福，提有關太平洋局勢之軍事建議。

希特勒與羅總理安多尼斯哥會談。

## 4月13日

### 二戰區

敵增援反撲，馬首山復被敵攻陷，與我軍在山腰激戰。

### 國內

華容城郊敵分由西、南兩路向我進犯。

**國際**

葡軍事代表團抵美京。

## 4 月 14 日

**二戰區**

閻司令長官發表澈底禁絕煙賭訓詞。

**國內**

總動員委員會決議，民產日用必需品之限價，非經請准不得變更。

## 4 月 15 日

**二戰區**

同志會執行部組榮譽軍人慰勞團，赴鄉、吉前線宣慰。

晉南敵向霍縣、靈石以東地區進犯，與叛軍激戰。

**國內**

駐美軍事代表團團長熊式輝返渝。

**國際**

德生力軍增援庫班。

英海軍在西西里擊沉義艦兩艘。

義相宣布西西里、撒丁島為戰區。

## 4 月 16 日

**二戰區**

焦作、修武敵分五路北犯陵川。

234 | 閻錫山故居所藏第二戰區史料 **第二戰區抗戰大事記**（1941-1943）
Historical Documents of the Second Theater in the Yan Hsi-shan's Residence
The Daily Records of the Second Theater in the Second Sino-Japanese War, 1941-1943

國內

　　敵開始由平漢、正太、白晉、道清各據點，分路向林縣、陵川龐集團軍包圍。

　　宜昌東龍泉寺敵，侵入天寶山徐真廟，向大金山猛撲，被我擊退，退返天寶山。

國際

　　西班牙佐丹納宣佈，西將斡旋和平。

　　德令佔領區沿海各城疏散人口。

　　波蘭政府請求萬國紅十字會，調查斯摩稜斯克德方所傳之波軍官被蘇殺害事。

# 4月17日

二戰區

　　晉東南我軍退出陵川城，轉至山地與敵激戰。

國內

　　安陽、湯陰等地敵向林縣進犯。

　　鄂中克復天寶山。

國際

　　百里慕他島開英、美難民會議。

　　布魯克島附近，日集中大軍二十萬、飛機兩千架。

　　日大東亞省大臣青木飛香港，赴南洋各地視察。

# 4月18日

二戰區

　　第三挺進縱隊在鄉寧四區到處伏擊敵人。

**國內**

博愛柏山敵北犯。

粵增城北犯敵，被我擊退。

**國際**

西西里海峽發生大空戰，德容克式運輸機被擊落五八架。

英、美、德皆否認有和平之可能。

# 4 月 19 日

**二戰區**

汾城敵出擾清儲鎮。

**國內**

薩縣敵南侵，與我軍在張義作戰。

**國際**

賈德魯抵阿爾吉爾，攜戰鬥法國書，答復吉羅德之統一法國意見書。

日內閣局部改組，駐偽寧大使重光葵任外相，東條兼文相。

# 4 月 20 日

**二戰區**

省經濟局製保證無黑市辦法：一、保證途徑社會所需物品，均由各地合聯社、合作社之供銷部暨評價購銷處之購銷部，統一供給。缺乏物品實行定量分配。保證方法：一、外來物品，以法暫限價，本地產品以合作券定價，則實行保有包賣，如有違者，以軍法處理。

236 | 閻錫山故居所藏第二戰區史料 **第二戰區抗戰大事記**（1941-1943）
Historical Documents of the Second Theater in the Yan Hsi-shan's Residence
The Daily Records of the Second Theater in the Second Sino-Japanese War, 1941-1943

**國內**

工業建設計劃會議在渝開幕。

滇西騰衝敵北經馬佔街向我進犯。

**國際**

希特勒召開特別會議。

保國承認下總動員令。

第八軍佔領安非達維爾，並擊退德軍四次反攻。

美、墨總統在蒙德勒會晤。

## 4月21日

**二戰區**

柏山進犯敵，在晉城東南柳樹口激戰。

**國內**

馬佔街敵侵入瓲窰街，續向鐵螯山進犯。

**國際**

波政府照會倫敦蘇使，問對德方之宣傳，能否有所解釋。

庫班區蘇軍擊退德軍。

## 4月22日

**二戰區**

克難坡各界舉行根絕賭博、執行紀律動員大會。

垣曲我軍在王村、陳村與敵激戰。

**國內**

由平漢路進犯敵，侵入林縣城，我四十軍卅九師在合澗西南、田家井，一零六師在東姚集與敵血戰。

國際

　　大批德軍開匈牙利。

## 4 月 23 日

二戰區

　　芮城敵出擾大王莊，被新二四師擊退。

國內

　　太行山敵侵入臨淇鎮，新五軍軍長孫殿英被脅投敵。

國際

　　美麥克納中將在突境作戰受傷。

　　美軍佔領南太平洋福納福第島。

## 4 月 24 日

二戰區

　　七十三師二一七團襲擊新絳北董敵。

國內

　　我國派財次郭秉文為出席糧食會議團長。

國際

　　英、美軍經激烈反攻後，英第一軍佔領梅吉塞爾巴
布北面之吉比勒特鎮。

　　美駐芬使館遷往瑞京。

## 4 月 25 日

二戰區

　　由陵川經鄭家嶺、古郊犯王莽嶺、馬武寨敵，因受
創折，向武家灣擾犯。

238 | 閻錫山故居所藏第二戰區史料 **第二戰區抗戰大事記**（1941-1943）
Historical Documents of the Second Theater in the Yan Hsi-shan's Residence
The Daily Records of the Second Theater in the Second Sino-Japanese War, 1941-1943

**國內**

沁陽崇義鎮敵向感化村進犯。

**國際**

突境南路德軍反攻，英、美軍略事後退。

蘇聯認波政府信德宣傳，有背盟約，宣布絕交。

# 4月26日

**二戰區**

二一八團掩護民夫在北董填壕，與敵在西南董激戰。

**國內**

湖北敵向沙市、宜昌集中，湖南向濱湖地區增集。

華北敵酋崗村自平飛新鄉指揮太行山戰事。

**國際**

義軍封鎖法、瑞邊境。

# 4月27日

**二戰區**

太行山區敵竄狼峽關、大河口，在東南柏坡被我伏擊，突圍西竄。

**國際**

英首相、外相會見波總理，策動蘇、波接近。

# 4月28日

**二戰區**

北陵川敵向東猛犯黃崖莊、水茶凹。

**國內**

敵機四五架襲昆明，被盟機擊落十餘架。

粵敵在饒平屬之西澳島登陸。

**國際**

敵政府任前外相谷正之為駐寧偽大使。

駐華美陸空軍司令史迪威、陳納德返華府。

## 4 月 29 日

**國內**

敵機三十七架分批襲湘。

太行山東側敵配合敵機向我軍猛攻。

**國際**

英大批艦隻離直布羅陀東駛。

## 4 月 30 日

**二戰區**

陵川北奪火鎮敵向我猛犯，在大小水峪、大河坵一帶激戰，東姚集我軍經激戰三晝夜後，我軍移轉陣地。

**國內**

加駐華公使歐德倫抵渝。

**國際**

日軍在澳洲以東發動潛艇戰。

240 | 閻錫山故居所藏第二戰區史料 **第二戰區抗戰大事記**（1941-1943）
Historical Documents of the Second Theater in the Yan Hsi-shan's Residence
The Daily Records of the Second Theater in the Second Sino-Japanese War, 1941-1943

# 5月1日

## 二戰區

克難坡召開五一勞動節大會，閻司令長官以推動全面全民展開勞作運動，保證完成合作互助，自給自足餉勉軍民。

## 國際

美煤礦工人罷工危機愈趨嚴重，美總統令內長接收罷或停工之工廠。

# 5月2日

## 國內

敵機四七架襲湘，被我機在洞庭湖上空擊落七架。

廿四集團軍總司令龐炳勳因各部連絡中斷，親率警衛營與敵衝殺。

# 5月3日

## 二戰區

克難坡各界舉行紡織競賽。

八四師一部協助十八支隊在聞喜東鎮破敵通訊。

## 國內

外部發表中、巴使館同意升格。

饒平守備隊收復西澳。

## 國際

美礦工會表決四日復工。

突境美軍佔領瑪土爾城。

## 5 月 4 日

二戰區

八四師二五一團在虎山坡激戰，敵退皋落鎮。

國內

駐華美空軍猛炸河內區。

華容、石首敵大部向安鄉以北地區進犯。

國際

安德諾、史迪威訪晤蔣夫人。

顧維鈞訪羅斯福。


## 5 月 5 日

國內

藕池口、石首、江波渡敵分八股向西南進犯。

敵在洞庭湖南岸月郎洲強行登陸。

龐總司令在林縣境因彈盡援絕被俘。

國際

突境美軍在德布巴以西佔領艾第希拉。

敵相東條抵馬尼拉視察。


## 5 月 6 日

二戰區

河北民軍在垣曲胡家峪破壞公路，八四師向青崖底敵襲擊。

國內

華容出犯敵與我在禹山激戰。

242　閻錫山故居所藏第二戰區史料 **第二戰區抗戰大事記**（1941-1943）
Historical Documents of the Second Theater in the Yan Hsi-shan's Residence
The Daily Records of the Second Theater in the Second Sino-Japanese War, 1941-1943

**國際**

　　盟軍到達突尼西平原。

　　強大英海軍攻擊西西里與突尼西亞間軸心船隻。

# 5月7日

## 二戰區

　　廿七軍在陵川克復奪火、柳樹口、玄壇廟等地。

## 國內

　　湘西侵至譚天口、焦圻敵續向西犯，侵入安鄉城，
與我軍在青石碑對戰。

## 國際

　　美第一團軍攻入比塞大，英第一軍攻入突尼斯。

# 5月8日

## 二戰區

　　第九軍五四師襲擊茅渡西盤南敵。

## 國內

　　湘西梅田湖敵侵入南縣，另敵一股犯三星湖，青石
碑東港、西港仍在激戰。

　　美機飛襲廣州天河白雲敵機場。

## 國際

　　法軍佔領法斯橋，義軍退崩角半島。美空軍在沿海
轟炸。

## 5月9日

### 二戰區

堰掌河底敵與我十七軍十八支隊在大峪溝發生遭遇戰。

### 國內

南縣安鄉間及津市藕池口以北到處展開激戰。

### 國際

盟機四百架轟炸西西里之巴勒摩，美軍前線敵軍停止抵抗。

## 5月10日

### 二戰區

首腦部為解決軍糧困難，特派高幹八人組織當前工作領導組，分赴南北區，辦理賑購糧事。

### 國內

洞庭湖敵在沅江蕭家灣強行登陸。

津市東北地區敵向燬水街區進犯，沙市敵向公安，董市、白沙敵亦渡江進犯。

### 國際

宋子文訪羅斯福，詳細報告中國軍事形勢。

## 5月11日

### 二戰區

行政院通過王懷明任山西大學校長。

廿七軍推進至黃金窯，北行頭敵退竄長子、高平，蘇師再度攻入奪火鎮，並向峰頭、槐樹嶺、上郊之敵

244 | 閻錫山故居所藏第二戰區史料 **第二戰區抗戰大事記**（1941-1943）
Historical Documents of the Second Theater in the Yan Hsi-shan's Residence
The Daily Records of the Second Theater in the Second Sino-Japanese War, 1941-1943

襲擊。

**國內**

東港、西港敵與我軍在津市東北之江家拐迄紅廟之線激戰。

安鄉向津市進犯之敵與我軍在澧水、虎渡間激戰。

**國際**

邱吉爾偕參謀人員及印軍總司令魏菲爾抵華府，當晚與羅斯福會談。

## 5月12日

**二戰區**

進犯太行山敵大部退回陵川、晉城。

**國內**

鄂西宜都對岸敵向我軍陣地砲擊。

敵軍佔據公安城，北岸敵五千餘在枝江、洋溪間強渡登陸。

**國際**

捷克總統貝奈士抵華府。

突境內軸心軍完全停止抵抗。

德軍總司令阿敏被俘。

美軍在阿留申群島西端之阿圖島登陸，與日軍激戰。

## 5月13日

**二戰區**

廿七軍一部在陵川槐樹嶺、上郊一帶與敵激戰。

國內

敵軍侵入枝江城。

蘇北敵向魯境單縣東南地區進犯。

國際

美軍轟炸吉斯卡日軍設備。

## 5 月 14 日

國內

各路敵進至大堰壩、煖水街附近。

國際

美國轟炸機隊對德國北部、荷蘭、比利時發動大批攻勢。

## 5 月 15 日

國內

敵機四十餘架襲昆明，被盟機擊落二十餘架。

枝江北犯敵與我軍在大營盤、余家橋之線激戰，並侵入劉家場。

國際

英宣佈地中海航運重開。

美機襲威克島。

## 5 月 16 日

國內

煖水街、劉家場敵繼續西犯。

246 | 閻錫山故居所藏第二戰區史料 **第二戰區抗戰大事記**（1941-1943）
Historical Documents of the Second Theater in the Yan Hsi-shan's Residence
The Daily Records of the Second Theater in the Second Sino-Japanese War, 1941-1943

國際

阿敏被解送至倫敦。

英機炸毀德國摩尼、伊沱兩水堰，魯爾河流域洪水泛濫。

## 5月17日

二戰區

臨汾敵陷峪口，被我七十二師反攻收復。

國內

滇西我與敵在馬面關激戰。

國際

美參議員陳德勒要求參院促羅、邱對日採取攻勢。

德飛機、潛艇重要生產基地卡塞爾工廠半陷水中，希調工兵從事搶救。

## 5月18日

二戰區

八四師派隊擊散皋落西南槐莊敵七十餘名。

國內

軍委會駁斥敵廣播龐總司令炳勳率部七萬投敵。緣龐氏在太行山血戰三晝夜被俘後，屢思自裁未遂。

維琪代表與汪政權簽訂歸還租界協定。

國際

聯合國糧食會議在美佛吉尼亞州開幕，美代表鍾斯主席，我國代表郭秉文致答辭。

宋外長與羅總統及加總理會談。

## 5 月 19 日

二戰區

新三師在垣曲擊退鰲背山進犯敵。

國內

我外次向法使面交抗議書，一切協定已因法方非法行為歸於無效。

我機飛襲枝江洋溪鎮敵。

國際

邱吉爾在美國會演說，保證對日作戰到底。

羅斯福特使戴維斯抵莫斯科與史達林會談。


## 5 月 20 日

二戰區

暫四十五師一部襲攻安邑北之毛圪塔。

國內

中英新約批准書在渝互換。

漁陽關南及東南展開血戰。

國際

中美新約批准書在華府互換。


## 5 月 21 日

二戰區

七十三師擊退三界莊掩護築壕之敵。

國內

我機轟炸宜昌，劉家場敵強渡聶家河，佔領磨市。

248　閻錫山故居所藏第二戰區史料 **第二戰區抗戰大事記**（1941-1943）
Historical Documents of the Second Theater in the Yan Hsi-shan's Residence
The Daily Records of the Second Theater in the Second Sino-Japanese War, 1941-1943

國際

　　敵宣佈聯合艦隊總司令山本在四月中殉職，由古賀繼任。

## 5月22日

二戰區

　　六十八師三路襲擊新絳以北之新窰洞及一三七一高地。

國內

　　敵由宜都紅花套渡江西犯。

　　敵軍侵陷漁陽關。

國際

　　莫斯科官方宣佈結束共產國際，並解除各國共產黨遵守共產國際大會各種法規及議決案之義務。

## 5月23日

二戰區

　　汾城西盤道敵向侯村會哨，被我暫卅七師擊退。

國內

　　侵至宜都西北敵向長陽進犯。

國際

　　邱吉爾與英、美將領討論歐亞作戰計劃。

## 5月24日

二戰區

　　暫四十八師一團九連在趙城雙昌村掩護徵糧，被敵

包圍，連長陸邦君陣亡。

**國內**

敵軍侵入長陽城後，續向三里店、鳳凰山進犯。

宜昌西岸敵向西猛犯，在長溪以西展開激戰。

**國際**

盟機集中轟炸撒丁。

# 5 月 25 日

**二戰區**

陵川敵分路向奪火鎮猛犯。

**國內**

長陽城以西敵陷都鎮灣，偷渡清江，與我軍在劉家坪激戰。

**國際**

英機千架轟炸德國杜塞爾多夫。

# 5 月 26 日

**二戰區**

向汾城辛豐莊出擾敵，被我擊退。

**國內**

行政三聯制檢討會議在渝開幕，委員長親臨主持，訓以設計、執行、考核必須密切相連。

馬家岩敵向古城筆尖峯猛犯。

**國際**

史達林以封口密函交載維斯轉羅斯福。

250 閻錫山故居所藏第二戰區史料 **第二戰區抗戰大事記**（1941-1943）
Historical Documents of the Second Theater in the Yan Hsi-shan's Residence
The Daily Records of the Second Theater in the Second Sino-Japanese War, 1941-1943

## 5月27日

二戰區

　　山西省慰勞委員會正式成立。

　　陵川敵一路由石景山南犯，侵入老黑溝、佛水、鳳凰窰，另一路由上郊進犯黃金窰。

國內

　　我機猛炸長陽偏岩方面敵。

　　劉家坪敵向天柱峯竄擾。

國際

　　美國設立戰時動員局。

　　邱吉爾由美抵直布羅陀。

## 5月28日

二戰區

　　由王屋增橫嶺敵向我竹峪進犯，被一七八師派隊擊退。

國內

　　宜昌西岸敵向關公嶺進犯。

　　大柱山敵經兩河口向永昌寺進犯。

國際

　　羅、邱會議官方發表聲明云，對每一戰場之未來作戰均有完全之協議，羅之祕書謂原定計劃均已改變。

## 5月29日

二戰區

　　六十八師在石門峪及一三〇〇高地伏擊敵人。

國內

鄂西我軍擊潰敵第三師團，攻克漁陽關。

永昌寺敵北犯香花嶺。

國際

阿圖島日軍停止抵抗，美軍完全控制該島。

美軍開達地中海東部之塞浦路斯島。

## 5 月 30 日

二戰區

鄉寧、新絳邊境我六十八師克復馬首山及一三七一高地。

國內

鄂西我軍全線反攻。

國際

戴高樂抵阿爾及爾與吉羅德會商法中央政權問題。

德將隆美爾在羅京任南歐軍總司令。

## 5 月 31 日

二戰區

陵川境內我軍將東西壺嶺、王莽嶺、奪火鎮整處收復。

國內

我機與盟機轟炸宜昌。

國際

亞歷山大港法艦八艘歸附盟國。

252 | 閻錫山故居所藏第二戰區史料 **第二戰區抗戰大事記**（1941-1943）
Historical Documents of the Second Theater in the Yan Hsi-shan's Residence
The Daily Records of the Second Theater in the Second Sino-Japanese War, 1941-1943

# 6月1日

## 二戰區

　　垣曲鄭家嶺敵在長澗村搶糧，被我軍擊退。

## 國內

　　全國生產會議在渝開會。

　　鄂西我軍克復聶家河。

　　政院決議馬法五代理河北主席。

## 國際

　　美礦工工人三十五萬人總罷工。

# 6月2日

## 二戰區

　　陵川附城敵分路進犯我四六師所在地之老槐樹嶺，並攻陷奪火鎮。

## 國內

　　鄂東我軍攻入黃梅。

　　鄂西我軍攻克長陽，湘西攻入枝江。

## 國際

　　蘇、德軍在庫班區大戰進入第三階段。

# 6月3日

## 二戰區

　　奪火鎮敵續向西南進犯，與我軍在南北台、東西瑤泉激戰。

　　晉城敵經玄壇廟犯柳樹口，與我四六師一部激戰。

1943 年 6 月

**國內**

　　鄂西我軍攻入宜都，湘西攻克南縣、安鄉。

**國際**

　　法民族解放委員會在阿爾及爾成立，戴、吉任主席，喬治、賈德魯、費利浦任委員。


# 6 月 4 日

**二戰區**

　　橫水敵向柴河進犯，被我十七軍擊退。

**國內**

　　鄂南我軍攻入公安城。

**國際**

　　阿根廷突生政變，親軸心政權被推翻。

　　阿爾及爾總督裴羅頓辭職，由賈德魯繼任。


# 6 月 5 日

**二戰區**

　　敵在沿山各縣開始搶割小麥。

**國內**

　　收復南縣之我軍進迫華容。

　　公安城復陷敵手。

**國際**

　　邱吉爾、艾登於視察北非各地後，返抵倫敦。

　　法摩洛哥總督諾格辭職，由布荷繼任。

254 ｜ 閻錫山故居所藏第二戰區史料 **第二戰區抗戰大事記**（1941-1943）
Historical Documents of the Second Theater in the Yan Hsi-shan's Residence
The Daily Records of the Second Theater in the Second Sino-Japanese War, 1941-1943

## 6月6日

### 二戰區

稷山敵向仁義村我暫四十四師進犯，被第一團、第三團擊退。

### 國內

我軍向浙西之金華、東陽、浦江等地攻擊。

## 6月7日

### 二戰區

稷山李老莊敵竄移高渠、西社。

### 國內

我軍完全克復宜都城。

### 國際

阿新總統由陸長拉米雷茲繼任，重申與美洲各國合作，對其他中立政策。

## 6月8日

### 二戰區

七十二師在襄陵城西齊村伏襲敵人。

### 國內

浙西我軍在東陽附近與敵激戰。

### 國際

英軍進攻西西里南之義屬拉姆培杜薩島及班太雷利亞島。

## 6月9日

二戰區

　　暫卅八師二團突襲南北膏腴。

國際

　　戴高樂致函吉羅德，堅持其改編軍隊及肅清貝當份子計劃。

## 6月10日

二戰區

　　暫三十七師分四路突襲汾城之辛豐莊。

國內

　　衡陽空戰敵機被擊落三架。

國際

　　中、英、美、蘇批准之救濟復興協定，由美國務院送交其他盟國。

　　共產國際自本日起正式結束。

## 6月11日

二戰區

　　暫四十一師在中陽北擊退搶糧敵人。

國內

　　湘北我軍渡新墻河襲敵。

　　我軍並攻克松茲城。

國際

　　英、美承認阿新政府。

　　班島義守軍投降。

256　閻錫山故居所藏第二戰區史料 **第二戰區抗戰大事記**（1941-1943）
Historical Documents of the Second Theater in the Yan Hsi-shan's Residence
The Daily Records of the Second Theater in the Second Sino-Japanese War, 1941-1943

## 6月12日

### 二戰區

暫四十八師擊退向洪洞張家莊搶糧之敵。

### 國內

大冶敵出犯，被我軍擊退。

### 國際

英陸、空兩大臣陪英王抵北非盟軍總部。

拉島守軍亦投降盟軍。

## 6月13日

### 二戰區

晉省賑濟委員開聯席會，決定分赴各縣。

### 國內

美機轟炸南昌敵機場。

### 國際

盟機猛襲魯爾區。

戴、吉意見相距甚遠，賈德魯、莫尼研究打開僵局方案。

## 6月14日

### 二戰區

閻長官為發動競賽，增加工作效率，指定專員組織工作競賽委員會。

### 國內

我軍再度攻克公安，常德、桃源間復航。

蔣委員長檢閱聯合國國旗。

國際

　　同盟國慶祝聯合日，互相致電祝賀。

## 6 月 15 日

二戰區

　　暫四十五師第三團在河津狙擊西王村等據點敵。

國內

　　史迪威在渝招待記者，表示攻抵東京深具決心。

國際

　　肯甯漢上將與土當局協商後由土返埃及，英封閉敘、土邊境，以調遣大軍。

　　蔣夫人由美抵加京渥太華。

## 6 月 16 日

二戰區

　　暫四十八師破壞洪洞境鐵路。

國內

　　我軍克復斗湖堤，猛攻彌陀寺。

國際

　　敵國會開幕，敵酋東條承認局勢嚴重。

　　日機襲瓜島，被美機擊落一百二十架。

## 6 月 17 日

二戰區

　　七十三師在稷山三界莊因掩護填壕，與敵激戰。

258 | 閻錫山故居所藏第二戰區史料 **第二戰區抗戰大事記**（1941-1943）
Historical Documents of the Second Theater in the Yan Hsi-shan's Residence
The Daily Records of the Second Theater in the Second Sino-Japanese War, 1941-1943

**國內**

鄂南我軍攻入羊樓司。

**國際**

蔣夫人由加返紐約。

土與維琪斷絕邦交。

## 6月18日

**二戰區**

敵調汾南各縣民夫至新絳準備築封鎖壕。

**國內**

公安東北蔡家灣、夾竹園殘敵被我圍擊。

**國際**

英政府任魏菲爾為印度總督，奧欽勒克為印軍總司令。

## 6月19日

**二戰區**

興集舉行促進生產上路運動大會。

**國內**

沙市對岸我軍連克三據點。

**國際**

義國承認外傳義派代表赴北非求和。

## 6月20日

**二戰區**

暫四十八師在洪洞張家莊、鄭家寨與敵作戰。

**國內**

外部任陳介為駐巴西大使。

**國際**

蘇參謀人員抵直港。

敵機襲擊達爾文港,被擊落二十二架。

# 6 月 21 日

**二戰區**

七十三師在泉掌至李老莊線上與敵發生遭遇戰。

**國內**

我大軍圍攻華容、石首、藕池口、彌陀寺,並克復
蔡家灣。

**國際**

美礦工二十萬人罷工。

盟機集中轟炸義港那不勒斯。

# 6 月 22 日

**二戰區**

洪洞塾堡敵企圖截我軍糧,被擊退。

**國內**

我軍在石首附近擊沉敵汽艇五艘。

**國際**

法政治糾紛解決,吉任西非北法總司令,戴任其他
地區總司令。

蘇抗戰二週年發表戰局檢討,要求開闢第二戰場。

260　閻錫山故居所藏第二戰區史料 **第二戰區抗戰大事記**（1941-1943）
Historical Documents of the Second Theater in the Yan Hsi-shan's Residence
The Daily Records of the Second Theater in the Second Sino-Japanese War, 1941-1943

## 6月23日

### 二戰區

新絳敵外出搶糧，被暫四十四師在杜村截擊。

### 國內

浙桐鄉敵向我進擾被擊退。

### 國際

英外相宣佈中國訪問團將聘英。

## 6月24日

### 二戰區

七十三師向三界莊敵突擊。

### 國內

西北建設考察團在陝分別考察各項建設。

### 國際

蔣夫人抵華府晤羅總統。

德軍十師開義北境。

## 6月25日

### 二戰區

國府明令襃揚太原綏靖公署高級參事郭殿屏。

### 國際

美十二萬工人復罷工，要求增加工資。

## 6月26日

### 二戰區

興集檢查生產互助社。

離石交口、金羅鎮敵分二路向張子、南塢進犯。

國內

立法院通過戰時技術員工管制條例，及外部、交部組織法。

國際

美國會否決羅斯福平抑工人生活費用之戰時津貼案。

# 6 月 27 日

二戰區

離石交口村、金羅鎮敵竄犯南塢，被我擊退，洪洞敵向張家莊被我暫四十師擊退。

國內

全國慰勞總會鄂西慰勞團任務完畢，離恩施。

國際

德在法南部建築工事。

# 6 月 28 日

二戰區

介休義棠敵向我進犯被擊退。

國內

我軍克復藕池口外各據點，攻入市內展開巷戰，湘北我軍亦猛攻華容城。

國際

美礦工多數復工。

262 | 閻錫山故居所藏第二戰區史料 **第二戰區抗戰大事記**（1941-1943）
Historical Documents of the Second Theater in the Yan Hsi-shan's Residence
The Daily Records of the Second Theater in the Second Sino-Japanese War, 1941-1943

## 6月29日

### 二戰區

孝義邊境田屯敵向桃園進犯，被騎一師擊退。

### 國際

法屬西非總督布瓦松辭職，由戴派考納利繼任。

## 6月30日

### 二戰區

介休敵竄犯北崗頭，被我騎二師擊退。

### 國內

藕池口敵向天心洲反攻。

### 國際

西南太平洋美軍發動五路攻勢，在新幾內亞之納索灣及倫多瓦、倫伊沙兩島登陸。

# 7月1日

## 二戰區

洪洞、萬安敵竄擾和村，經七十二師擊退。

## 國內

鄂南我軍反攻戴家場。

滇西敵侵入孟定。

## 國際

美軍佔領新喬治亞之維盧港。


# 7月2日

## 二戰區

汾南敵向大德莊、小准牛莊等處進犯。

## 國內

偽華北政委會委員長朱深病故，由王克敏繼任。

## 國際

波總理薛戈爾斯基宣稱蘇如將因滯蘇境之十五萬波軍家屬釋放，則局勢可好轉。


# 7月3日

## 二戰區

聞喜敵向新絳北池村進犯，經保安隊擊退。

## 國際

新幾內亞盟軍向薩拉摩推進。

東條抵泰京曼谷，商討協力方式。

264 | 閻錫山故居所藏第二戰區史料 **第二戰區抗戰大事記**（1941-1943）
Historical Documents of the Second Theater in the Yan Hsi-shan's Residence
The Daily Records of the Second Theater in the Second Sino-Japanese War, 1941-1943

# 7月4日

## 二戰區

暫四十八師向墊堡敵猛攻。

## 國內

蔣夫人自美返抵重慶。

## 國際

波總理自直布羅陀乘機返英中途罹難。

美軍續在凡古奴島登陸。

# 7月5日

## 二戰區

襄陵敵出犯，盤據西賈、北溝二村。

## 國內

滇西我軍擊退進犯回片敵。

## 國際

日軍將馬來北部四省劃歸泰國。

蘇境德軍在中路發動空前攻勢。

# 7月6日

## 二戰區

洪洞、萬安敵向上舍進犯，與暫四十八師激戰。

## 國內

蔣委員長廣擴，抗戰進入第七年，是戰爭決定年。

## 國際

美軍控制凡古奴島，古拉灣內發生海戰。

民國史料 61

# 閻錫山故居所藏第二戰區史料
# 第二戰區抗戰大事記
# （1941-1943）

Historical Documents of the Second Theater
in the Yan Hsi-shan's Residence
The Daily Records of the Second Theater in the Second
Sino-Japanese War, 1941-1943

| | |
|---|---|
| 原　　編 | 第二戰區司令長官司令部現代化編譯組 |
| 編　　輯 | 民國歷史文化學社編輯部 |
| 總 編 輯 | 陳新林、呂芳上 |
| 執行編輯 | 林弘毅 |
| 封面設計 | 溫心忻 |
| 排　　版 | 溫心忻 |
| 助理編輯 | 劉靜宜 |

出　　版　開源書局出版有限公司

香港金鐘夏慤道 18 號海富中心
1 座 26 樓 06 室
TEL：+852-35860995

民國歷史文化學社 有限公司

10646 台北市大安區羅斯福路三段
37 號 7 樓之 1
TEL：+886-2-2369-6912
FAX：+886-2-2369-6990

http://www.rchcs.com.tw

版權所有・翻印必究
如有破損、缺頁或裝訂錯誤
請寄回民國歷史文化學社有限公司更換

| | |
|---|---|
| 初版一刷 | 2022 年 4 月 30 日 |
| 定　　價 | 新台幣 380 元 |
| | 港　幣 105 元 |
| | 美　元　15 元 |
| I S B N | 978-626-7036-86-0 |
| 印　　刷 | 長達印刷有限公司 |

台北市西園路二段 50 巷 4 弄 21 號
TEL：+886-2-2304-0488

資料提供：臺北市政府文化局
　　　　　閻伯川紀念會

國家圖書館出版品預行編目 (CIP) 資料

閻錫山故居所藏第二戰區史料：第二戰區抗戰大
事記 (1941-1943) = Historical documents of the
second theater in the Yan Hsi-shan's residence
: the daily records of the second theater in the
Second Sino-Japanese War, 1941-1943/ 第二戰
區司令長官司令部現代化編譯組原編 .-- 初版 .--
臺北市 : 民國歷史文化學社有限公司 , 2022.04
　面；　公分 .-- ( 民國史料 ; 61)
ISBN　978-626-7036-86-0　( 平裝 )

1.CST: 中日戰爭　2.CST: 史料
628.5　　　　　　　　　　　　111005451